혼자지만 아파트는 갖고 싶어

혼자지만
아파트는 갖고 싶어

한정연 지음

경제전문 기자가 알려주는 아파트 구매 프로토콜 6단계

허들링북스

변화를 이야기할 때 가장 힘든 것은

새로운 것을 생각해내는 것이 아니다

이전에 가지고 있던 틀에서 벗어나는 것이다

— 존 메이너드 케인즈, 경제학자 —

몇 년 사이 서울 아파트 가격이 역대급으로 올랐습니다. 못 샀거나 안 샀던 사람들, 특히 혼자 사는 사람들의 고민은 이제 고통이 되어가고 있습니다. 서울이나 수도권에서 출퇴근하는 1인가구 세대주라면, 20대든 40대든 상관없이 모두 자책감에 사로잡혀 있습니다. "왜 그때 아파트를 사지 않았을까?" "앞으로 아파트를 살 수 없게 되는 것은 아닐까?" 1인가구 세대주들은 아무런 혜택도 없어 보이는 현재의 부동산 정책들에 불안감을 넘어 패배감까지 느끼고 있습니다. 때로는 이런 심리가 위험한 투자로 이어지기도 합니다.

저와 비슷한, 혼자 사는 사람들의 고민을 해결하기 위해 현재 아파트 시장이 어떠한지, 이런 상황에서 크든 작든 아파트를 살 수 있는 방법은 무엇인지에 대해 쉽게 풀어 쓰고 자 노력했습니다. '평생직장'이라는 말의 종식과 함께 '안정적인 미래'라는 말도 함께 사라진 시대, 40~50대가 되었을 때 내 소유의 집 한 칸 없다고 생각하면 아찔해집니다. 그때는 지금보다 더욱 불안정하게 살아갈 수밖에 없습니다.

밀레니얼 세대 중 이미 상당수가 아파트에 대해 많은 관심을 가지고 있습니다. 구매로 이어진 경우도 많습니다. 20대나 30대 초반의 독자들 중 아직도 아파트 마련이 자신의 일이 아닌 것처럼 생각하는 사람은 이제 드물다고 생각합니다. 어떤 지역이든, 몇 평이든, 곧 오를 만한 투자 호재가 많든 적든, 미래의 불안함을 지우고 현재의 자신에게 더 충실하려면 지금 아파트 한 채 정도는 마련해야 한다고 생각합니다.

기혼 밀레니얼 세대가 언젠가는 가격이 잡히겠지 하면서 아파트 구매를 관망하다가 최근 들어 '패닉 구매'에 나선 정황이 통계상으로 들어나기 시작했습니다. 코로나19 이후 소위 '언택트 시대'로 접어들면서 사람들의 생활을 가장 크게 바꿔놓은 것이 바로 재택근무였습니다. 이에 따라 안락한 거주지뿐만 아니라 일을 하는 공간으로서의 아파트의 기능과 역할이 더욱 중요해졌습니다.

특히 1인가구의 아파트는 투자용보다는 안정적인 거주지로서 더 필요하다는 사실을 강조하고 싶습니다. 혼자 사는 사람들이 늘어나면서 이런 현상은 더욱 가속화할 것입니다. 이런 분위기 속에서 '솔로경제' 역시 빠른 속도로 성장할 것입니다. 그리하여 부동산시장으로 대표되는 시장경제 곳곳에 만연해 있는 비상식적인 관행을 없애줄 것이라고 생각합니다. 빌라나 오피스텔, 다가구나 셰어하우스가 아파트보다 못한 주거지라고 말하고 싶지는 않습니다. 다만 인생의 어느 순간에 한 번씩은 아파트에서 살고 싶어질 것이라 말하고 싶습니다. 그리고 그때 혹은 지금 아파트를 사려면 종잣돈을 포함해 여러 가지가 준비되어 있어야 한다고 말하고 싶습니다.

서로가 서로의 가족을 볼모로 삼아 무조건 참고 견뎌낼 것을 강요하는 직장문화의 변화가 감지되고 있습니다. 무엇보다 1인가구 기반의 '솔로경제'는 비상식적이었던 우리 경제의 여러 부분을 크게 바꾸어놓을 것으로 보입니다. 최소한의 노후자금을 제외하면, 혼자 사는 우리에게는 현재의 소비와 만족이 더 중요합니다. 다음 세대로의 부의 이전을 당연시하면서 미래를 볼모로 잡혀 왜곡된 부분이 많았던 현재의 부동산시장 구조가 상당 부분 해소될 수 있을 것이라고 생각하는 이유입니다.

아파트와 관련된 책을 쓰고 있다고 말할 때마다 곤란했습니다. "부동산 책을 쓰신다고요? 어디에 사면 좋을까요?"라고 묻는 사람들이 많았기 때문입니다. '어디에 살고 싶으신가요? 종잣돈은 얼마나 가지고 계신가요? 매월 고정적인 수입은 어떻게 되시나요? 얼마나 오래 보유하실 생각이시죠? 가격이 떨어졌다가 올랐다가 할 수도 있는데, 평소 멘탈 관리는 어떻게 하시는 편인가요?' 이런 질문을 연달아 드릴 수 없으니 앞선 질문들을 받을 때마다 "글쎄요"라고 답할 수밖에 없었습니다.

그러나 분명한 것은 앞으로의 부동산시장에서는 구매자가 1인가구의 세대주든 4인가구의 세대주든 상관없이 특정 지역만 딱딱 찍어주는 시대가 계속되기 어렵다는 사실입니다. 시시각각 변하고 있는 부동산정책들이 이를 보여줍니다. 이 책에서는 자고 일어나면 변해 있는 부동산시장의 가장 최신 버전을 담기 위해 노력했습니다.

《혼자지만 아파트는 갖고 싶어》는 그저 안락한 아파트 한 채를 갖고 싶은 분들을 위한 책입니다. 아파트 가격이 올라 자산 증식에 도움이 되면 물론 좋겠지만 그것이 최우선 목표는 아닌 분들을 위한 책입니다. 아직 오지 않은 미래의 어느 날, 자식들에게 물려줄 수 있는 아파트를 사려는 분들을 위한 책이 아닙니다. 타인의 시선 때문에 이름 있는 아파트를 무리를 해서라도 사려는 분들을 위한 책도 아닙니다. 그저 편안하고 안락하게 현재를 살고자 하는 분들을 위한 책입니다.

아파트로 대표되는 부동산에 관련된 질문에 최대한 많은 답을 하고자 했습니다. 부동산정책은 끊임없이 바뀌고 있고 어김없이 새로운 규제가 생겨나고 있습니다. 이런 상황에서 소위 '꾼'들이 주장하는 뜬구름 잡는 소리는 하지 않는 것을 원칙으로 했습니다. 개인의 매매 경험을 나열하든, 숫자들로 미래를 점치든, 개별 지역들의 호재와 악재를 소개하든 기존의 부동산 관련 책과 다른 비전을 제시하고자 노력했습니다. 1인가구의 아파트 매매는 개인의 상황에 맞는 일대일 토론이 되었으면 합니다. 그리고 그래야 합니다. 무엇보다 우리가 아파트를 갖고 싶어 하는 마음이 어디에서 왔는지부터 시작하는 호흡이 긴 투자, 좋은 의미에서의 족집게 과외 등에 대한 이야기를 시작하고자 합니다.

한정연

차 례

Chapter 5

아파트 구매 프로토콜 6단계

Chapter 6

혼자서 조금 더 잘 사는 방법

Chapter 1

혼자 살든 둘이 살든
아파트는 반드시 있어야 한다

혼자 살아도 어느 정도
넓은 공간이 필요하다

•——— 흔히들 TV와 집은 클수록 좋다고 말한다. 가격에서 자유로울 수 있다면 더더욱 그렇다. 기술의 발달 덕분에 TV 가격이 급격하게 낮아지고 있지만, 속상하게도 아파트 가격은 대체로 오르고 있다. 다만, 아파트 광풍이 몰아치던 2017년~2018년 사이 아파트 매매가를 생각할 때 '대체로 오른다'는 이 명제가 과연 맞는 것인지 의문이 드는 것도 사실이다.

2018년 서울시와 한국감정원이 조사한 〈아파트 단지별 매매 실거래가 현황〉을 잠깐 살펴보자. 2017년 1월에서 2018년

7월까지 전국의 각 아파트 단지별 최고가를 기준으로 상위 20개 단지를 조사해보니 20곳 중 19곳이 모두 서울에 위치한 아파트였다(1곳은 부산). 특히 이 중 16곳은 강남 3구에 몰려 있었다.[*]

아파트	전용면적	실거래가
서울시 강남구 삼성동 현대아이파크	136.40㎡(약 42평)	105억 3천만 원
서울시 용산구 한남동 한남더힐	244.78㎡(약 74평)	78억 원
서울시 강남구 청담동 상지카일룸	244.98㎡(약 74평)	64억 원
서울시 강남구 청담동 마크힐스	192.86㎡(약 58평)	59억 원
부산시 해운대구 해운대두산위브더제니스	222.6㎡(약 67평)	41.4억 원
⋮		
전라남도 고흥군 뉴코아	22.68㎡(약 6.8평)	500만 원
광주광역시 북구 금곡맨션	79.56㎡(약 24평)	600만 원
충청북도 증평군 윤모아파트	59.97㎡(약 18평)	700만 원

* 〈뉴스핌〉, 2018년 9월 17일 자, '김상훈의원 "전국 아파트 최고가 강남 현대아이파크"'

어떤 아파트는 수십억 원을 호가하는데 어떤 아파트는 웬만한 서울 아파트의 평당 가격에 거래된다. 부동산 가격이 결국 입지에 의해 결정된다는 것을 보여주는 사례다. 병원, 교통, 직장과의 거리, 학군 등에 따라 아파트 가격도 천차만별이다. 그러므로 인간에게 필요한 주거 면적의 최소치라는 것은 사실상 존재가 불가능하다는 결론이다. 다만 평균을 구하고 설문을 통해 희망 주거 면적을 대략적으로 찾아낼 수 있을 뿐이다. 주택 청약의 기준을 $85m^2$(약 25.7평)로 나누는 것도 바로 이런 계산이 있어서 가능하다. 그렇지만 1인 가구는 달라도 꽤 다르다. 우선 필요한 방의 개수가 다르다. 여러 명으로 구성된 가구가 시간이 지날수록 방의 수를 늘리고, 거실의 면적을 줄이는 식으로 개인화된 현실을 반영해나가는 것과는 다르다.

KB금융지주 경영연구소는 2019년 4월 1일부터 20일 동안 전국 25~59세 1인가구 2천 명을 직접 만나 심층 인터뷰를 진행했다. 2020년 현재의 시점에서 가장 정확한 1인가구 총서라고 할 수 있다. 이 보고서에 따르면 1인가구도 TV 크기를 키우듯 주거지의 면적을 넓히고 싶어 한다. 설문조사에

응한 1인가구주들의 연령대가 높아지면서 주거 면적이 넓어지고는 있었다. 그러나 40대까지는 대부분 전용면적 5~15평에 거주하고 있었다.[*]

1인가구는 주택 구입이나 전세자금 마련에 필요한 금액의 20% 정도를 금융회사 대출로 해결했다. 이는 빚을 최소화하려는 1인가구의 특성을 보여준다. 1인가구의 절반 이상이 현재 살고 있는 거주지에 만족하고 있었다. 혼자 살기에 적당한 평수와 편리한 구조에 만족해했다. 그러나 역시 면적 방음, 주택 연수에는 불만이 많았다. 이들이 현재의 주거지를 선택한 주요한 이유는 바로 직장과의 접근성이었다. 거주지 주변에서 일상 활동을 최대한 해결하는 것을 선호하기 때문에 주로 도심 한가운데 있는 아파트를 좋아한다는 특징이 있다.

2019년 현재 1인가구의 절반가량은 주택을 구입할 의향이 있다. 특히 2년 내에 이사하고 싶다는 비율이 2018년 조

---

[*] KB금융지주 경영연구소, 〈2019 1인가구 보고서〉

사 때보다 높아졌다. 다른 이들과 함께 거주하는 것 자체를 불편해하기 때문에 셰어하우스를 이용할 의향이 높지 않다는 것이 특징이다. 셰어하우스를 1인가구가 바꿔놓을 미래라고 오판해 이 업계에 뛰어든 대기업들의 전망과 다르다는 것을 보여주는 대목이다. 이사를 원하는 1인가구는 현재 사는 곳보다 5~10평 정도 넓은 곳으로 이사하기를 희망했다.

해마다 TV가 대형화되고는 있지만 거실의 벽 크기라는 물리적인 한계도 가지고 있다. 1인가구의 아파트 구매에서도 이런 원초적인 전제가 존재한다. 바로 자산이다. 2018년 현재 1인가구가 보유한 평균 순자산은 약 1억 3천만 원으로 전년도 대비 845만 원 정도 증가했다. 이 자산 중 약 40%를 거주용 부동산으로 보유하고 있다. 자산의 19% 정도를 저축으로 보유하고 있었고, 부채는 약 2,200만 원이었다. 1인가구의 자산 성장률이 다른 가구에 비해 높지 않은 것은 사실이다. 하지만, 혼자 사는 것이 만족스럽다는 응답은 60%에 달했다. 특히 공간적 만족도가 가장 높고, 경제적 만족도는 상대적으로 낮았다. 이는 1인가구가 이사를 가고는 싶어도 당장은 움직이지 않을 가능성이 높다는 뜻으로 해석된다.

전반적으로는 여성 1인가구가 남성 1인가구보다 만족도가 높았지만, 남녀 간 임금 및 노동 기회의 차이로 인해 경제적 만족도는 남성보다 여성이 낮게 나타났다. 경제적 만족도가 가장 높은 그룹은 남성 40대였다. 여성 20대의 1인 생활 전반에 대한 만족도가 70%를 초과하고 있음에도 불구하고 경제적인 만족도는 비교 그룹 중 가장 낮은 수준을 기록했다. 또한 2030 여성 1인가구는 '주거 침입 안전'을 생활상의 가장 큰 어려움으로 꼽고 있었으며, '부재 시 도난·절도 걱정' 또한 상당수를 차지하는 등 안전 위험에 대한 체감도가 높았다. 안전상의 어려움이 '없다'고 응답한 남성의 비중이 20%를 초과한 반면, 20~40대까지 여성들의 응답은 매우 낮았다. 안전상 어려움을 체감하는 여성 1인가구가 상당수 존재하는 것으로 볼 수 있는 지점이다.

그렇다면 실제 거주 면적은 어떨까? 20대 1인가구의 주거 면적은 5~10평이 가장 많은 비중을 차지하고 있다. 주택유형은 다세대주택, 오피스텔 순이었고, 다른 연령대에 비해 기숙사 등 기타 주택에 거주하고 있는 경우도 상당수 존재했다. 30대 1인가구부터 아파트에 거주하는 수가 증가해 연령대가 높아질수록 '아파트와 넓은 면적의 주택'에 거주하고 있는 비율이 상승하지만, 다른 가구에 비해서는 여전히 좁은 공간에 살고 있다. 1인가구의 주거 면적은 40대까지도 5~10평과 10~15평이 주류를 차지했고, 40대 이후에도 20평 이상인 경우는 많지 않았다. 50대 1인가구는 자가 구입 시 보험 해지 등 장기 자산을 처분해 비용을 마련하는 경우가 약 4분의 1 정도였다.

자가 거주 중인 1인가구의 절반 가까이가 집이 오래된 것이 가장 불만이라고 답했다. 예산이 허락한다면 1인가구도 신축 아파트를 선호한다는 것을 알 수 있는 대목이다. 전·월세 거주자도 면적 문제를 가장 먼저 거론했다. 특히 '채광이 충분하지 않다'고 응답한 비율이 상당수 존재했다. 쾌적한 주거지에 대한 욕구가 높음을 알 수 있다.

앞서 1인가구의 절반 정도가 주택 구입 의향이 있다고 했다. 이들 중 약 70%가 아파트를 구매하고 싶다고 말했다. 전세 거주자의 주택 구매 의향이 가장 높았지만, 자가로 보유한 1인가구의 36%는 추가로 주택을 구매할 의향도 가지고 있다. 거주 면적 25평 미만의 모든 1인가구가 이사 시 5평 정도 넓은 곳으로 가려는 성향이 강했다. 특히 거주 면적이 10평 미만인 1인가구 중 현재의 거주 면적 수준을 유지하려는 경우는 매우 드물었다.

이처럼 10평이 안 되는 집에서 거주하는 1인 가구는 어떻게든 이보다는 좀 더 넓은 곳으로 이사가려고 하지만, 국토교통부 행정규칙상에서의 최소 주거면적은 우리와 세상의 상식과는 다르다. 이에 따르면 1인 가구에게 필요한 최소한의 주거면적은 $14m^2$다. 방의 개수는 1개, 거실과 분리되지 않은 4.3평의 원룸이다. 최소라는 전제를 달고 있지만 정부의 행정규칙상 방 하나를 가질 수 있으려면 그냥 2인가구도 아닌 '부부'여야 한다. 그렇게 명시되어 있다. 부부에게는 약 7평 정도의 공간이 필요하다고 되어 있다. 가구 구성원별 최소 주거면적은 2000년에 도입되었다. 1인가구에게 4.3평의 원룸을 제시한 이 행정규칙은 그로부터 11년이 지난 2011년 개정된 최신 내용이다. 이에 동의할 수 있는 사람이 과연 얼마나 될까?

우리에겐 다소 억울한 세금

• ──── 우리가 알아차리든 아니든 면세 혜택이 없는 한 모든 상품에는 세금이 붙어 있다. 아파트를 살 때도, 아파트를 팔 때도 혹은 그저 보유만 하고 있을 때도 상당한 세금이 부과된다. 특히 최근 아파트 가격 상승기에 정부가 여러 차례에 걸쳐 발표한 부동산 대책들의 핵심 중 하나가 바로 '세금'이었다. 아파트를 갖고 싶은 우리가 반드시 알아야 할 첫 번째가 바로 세금 문제일 수밖에 없는 이유다.

주택과 관련된 세금은 취득할 때 내야 하는 취득세, 보유하면서 내야 하는 재산세 및 종합부동산세, 양도할 때 내야 하는 양도소득세나 증여상속세가 있다. 우선, 주택에 부과되는 세금인지 사람에게 부과되는 세금인지를 구분해야 한다. 그리고 혹시 합법적으로 세금을 덜 낼 수 있는 방법이 있는지도 살펴본다면 더 좋을 것이다.

2018년 종합부동산세(종부세) 인상을 포함한 개정안이 발표되면서 다양한 찬반론이 제기됐다. (…) 이 논란의 배경에는 보유세, 그중에서도 종합부동산세 인상이 있었다. '부동산'에 부과되는 재산세와 달리 종부세는 '사람'에게 부과돼, 지분을 쪼개면 금액을 크게 줄이거나 아예 안 낼 수 있기 때문이다. 정부는 2017년 하반기부터 고가주택과 다주택자를 상대로 한 보유세 인상을 거론해왔고, 이것이 현실화됐다. 종부세는 1주택자 기준 공시가격 9억 원 이상부터 부과된다. 실거래 가격으로는 약 13억 원 이상 아파트가 대상이다.[*]

---

[*] 〈조선일보〉, 2018년 7월 19일 자, '稅테크 위해… 한 아파트 당첨자 절반이 부부 공동명의로'

이 기사를 통해 우리는 결혼하지 않은 사람들의 부동산 절세가 어려운 이유를 알 수 있다. 기사에서는 디에이치자이 개포 전용 84㎡(약 25평)의 분양가가 14억 3천만 원으로, 1주택자 개인 명의일 경우 재산세와 종부세 등을 합한 보유세 485만 원을 준공 연도에 내야 한다고 지적한다. 준공 시점의 공시가격이 통상 분양가 수준으로 결정되기 때문이다. 하지만 배우자에게 지분 절반(7억 1,500만 원)을 증여해 부부 공동명의로 돌리면 보유세가 1인당 200만 원으로 줄어든다. 부부간 증여세 면제 한도는 10년에 6억 원이다. 당연히 그 이상 증여하면 증여세를 내야 한다. 이와 별개로 증여액의 4%인 취득세는 다 내야 한다. 다만, 취득세는 개인에게 부과되는 것이 아니기 때문에 이를 잘 구분해야 한다.

나중에 집을 팔 때 양도세를 절감하는 효과도 크다. 디에이치자이 개포는 분양가가 시세보다 낮아 최소 6억~7억 원의 시세 차익이 예상돼 '로또 아파트'로 불렸다. 양도세는 시세 차익이 클수록 세율이 높아진다. 14억 3천만 원에 분양받은 아파트가 준공 2년 후 20억 원까지 오른다면, 개인 명의일 경우 1억 890만 원을 양도세로 내야 하지만, 부부 공동명의일 경우 인당 4,313만 원씩 8,627만 원이 부과된다. 1인가구일 때보다 2,262만 원가량 적은 금액이다. 물론 기사에는 언급되지 않았지만 특수한 상황이 아니라면 굳이 집값이 가장 많이 오르고, 보유한 기간이 짧아 세금을 가장 많이 내야 하는 이 시기에 집을 파는 사람은 거의 없을 것이다.

<u>부부 공동명의에서 오는 절세의 효과를 누릴 수 없다는 점에서 1인가구는 다소 억울함을 느낄 수밖에 없다.</u> 취득세와 재산세에는 공동명의로 인한 차별이 없지만, 종부세는 물론이고 임대를 주고 얻는 소득에 대한 종합소득세, 집을 팔때 오른 가격만큼에 대해 세금을 내는 양도소득세가 각 사람에게 부과되는 만큼, 1인가구 단독 명의로는 그러지 않은 경우보다 더 많은 세금을 내야 한다.

그러므로 우리는 취득세를 신경 써서 봐야 한다. 2020년부터 정부는 6억 원 초과 9억 원 이하 주택 취득세율을 기존 취득가액의 2%에서 더욱 세분화했다. 6억 원 이하는 1%, 9억 원 초과 주택은 3%로 기존 세율을 유지했다.* 이에 따라 올해부터는 6억~9억 원 구간에서 매입 가격이 100만 원

늘어날 때마다 세율도 0.0066%포인트씩 함께 오른다. 8억 원짜리 아파트의 취득세를 예로 들어보자. 이 경우 취득세가 2019년 1,600만 원에서 2020년 1,864만 원으로 264만 원(16.5%)이 오른다. 매입가가 9억 원이면 1,800만 원에서 2,700만 원으로 900만 원(50.0%)이 상승한다. 농어촌특별세와 지방교육세를 포함한 취득 관련 총 세금은 3,060만 원이다. 공동명의로 혜택을 볼 수 없는 상황에서 취득세의 부담이 중위가격 수준에서도 이미 무거워져버렸다.

다만, 행정안전부는 2020년 7월 10일 〈주택시장 안정 보완 대책〉에서 다주택자의 취득세를 크게 높이기로 한 상황에서도 신혼부부와 생애 첫 주택 구입자에게는 취득세를 감면해주겠다고 발표했다. 이런 내용을 담은 〈지방세 특례제한법 일부 개정안〉은 소득 등 일정 요건이 충족되는 신혼부부가 처음으로 주택을 사는 경우에만 취득세의 50%를 면제해줬지만, 여기에 1인가구 중에서 한 번도 집을 사지 않았던 이들을 추가한 것이다.

---

* 〈조세일보〉, 2020년 2월 20일 자, '7억 5천만 원 넘는 아파트, 취득세도 껑충'

다시 한 번 정리하자면, 부동산 관련 세금에는 살 때 내야 하는 취득세, 보유하고 있는 동안 내야 하는 재산세와 종합부동산세, 팔 때 내야 하는 양도소득세/증여세/상속세가 있다. 이 중에서 종합부동산세, 양도소득세, 증여세, 상속세는 개인의 상황에 따라 부여되는 세금이다. 그러나 세금을 낼 때는 정말 신중해야 한다. 섣불리 세금을 줄여보려고 했다가는 문제가 될 가능성이 높기 때문이다. 혹시 문제가 발생했을 경우 전문가의 절세 효과 조언을 따랐다는 해명은 통하지 않는다. 어느 나라에서든 탈세가 가장 중대한 범죄 중의 하나임을 기억해야 하는 이유다.

아무런 혜택도
없어 보이는 정책

• ──── 우리 사회는 혼자 살지만 아파트는 갖고 싶은 1인 가구의 심리를 전혀 파악하지 못하고 있다. 다음 보고서를 보면 얼마나 잘못 파악하고 있는지 알 수 있다. 국토연구원은 2018년 〈1인가구 증가에 따른 주책정책 대응 방안〉이라는 야심찬 보고서를 냈다. 이 보고서는 "1인가구 증가는 전 세계적인 현상으로 OECD 평균 1인가구는 30.6%, 향후 40% 수준까지 상승할 것"으로 전망했다.

그 이유가 "1인가구의 증가가 도시화, 개인적 삶에 대한 열망 상승, 개인주의적 가치 상승, 여성의 교육수준 향상과

성평등 인식 확대, 인구 고령화에 따른 노인가구 증가 등에 기인"한다고 자세하게 설명한다. 국토연구원에서 이렇게나 정확하게 1인가구의 실상을 파악하고 있다니 이들이 과연 어떤 정책을 제안할지 기대하지 않을 수 없다. 기대를 잔뜩 품고 보고서를 살펴봤지만 기대는 곧 실망으로 돌아왔다.

그러나 1인가구를 파악하는 이 보고서는 통계의 함정에 빠진다. 보고서에서 이야기하는 전체 숫자에서 차지하는 1인가구가 여전히 과거로부터 내려온 배우자를 잃고 혼자 살거나 어쩔 수 없이 혼자 살아가야 하는 사람들일 가능성이 높은 것이다. 보고서가 파악했다고 말하는 '개인적 삶에 대한 열망, 개인주의적 가치의 상승, 성평등 인식 확대로 인해 최근 증가 중인 스스로 선택한 1인가구'의 특징은 아예 빠져 있는 것이다. 이 보고서는 1인가구의 특징으로 '다인가구에 비해 학력수준, 소득수준, 고용안전성이 모두 떨어진다'는 점을 가장 먼저 꼽았다. 전체적으로는 그럴 수 있지만 최근에 증가하는 1인가구의 특징이라고 단언하기에는 무리가 있는 부분이다.

그렇다면 두 번째 특징은 무엇일까? 바로 1인가구가 가족관계에서 독립되는 방식이다. 청년층은 가족으로부터의 분리 및 독립을 통해 1인가구가 된다. 미혼 또는 비혼을 통해서도 1인가구가 되며 그 기저에는 가치관의 변화가 크게 작용한다고 할 수 있다. 중장년은 가족관계의 해체로, 노년층은 가족구성원의 탈락과 고령화 및 기대여명의 차이로 인해 1인가구를 형성한다고 분석했다.

이처럼 다양한 경향이 아닌 평균치로 1인가구를 들여다봤을 때 통계의 함정에 빠지게 된다. 우리가 우려하는 '아파트를 살 수 있고, 아파트를 갖고 싶은' 1인가구가 통계상에 존재하지 않게 되는 것이다. 이를 바탕으로 국토교통부는 1인가구의 특성을 '월세 거주가 많아 주거안전성이 떨어진다'고 판단해버린다. 이런 식으로 통계를 해석하면 딸린 가족 없이 몸을 가볍게 하기 위해서, 살아보고 싶은 곳이 너무 많아서 전세보다 상대적으로 다양한 월세 아파트나 오피스텔에 사는 1인가구는 사실상 사라져버린다. 그 숫자가 비록 적을지라도 없어져선 안 되는 층이 없어지면 정책은 일방향으로 쏠릴 수밖에 없다.

우리나라 정부의 1인가구 주택 정책의 핵심은 '가성비와 임대'로 정리된다. 정부는 특히 행복주택을 밀고 있다. 행복주택은 신혼부부, 대학생, 사회초년생 등을 대상으로 직장과 학교가 가까운 곳이나 대중교통 이용이 편리한 곳에 짓는 공공임대주택이다. 6년~10년 장기 거주가 가능한 것이 특징이다. 그러나 아무래도 임대주택이다 보니 경제력이 상대적으로 열악해야 지원할 수 있다. 대학생의 경우 주택 단지 인근 학교를 다녀야 하고, 본인과 부모의 합계 소득이 평균소득 이하여야 한다. 직장인 역시 주택 단지 근처 직장에 다녀야 하고, 취업 5년 이내의 비혼 무주택자로 소득 역시 평균소득의 80% 이하여야 한다.

SH(서울주택도시공사)가 1인 창업가·기업가·청년상인 등의 창업자에게 공급하는 '도전숙' 또한 공공임대주택이다. 주거와 사무공간을 함께 제공한다는 장점이 있지만 10평 미만의 아주 작은 원룸형이 일반적이라는 단점도 있다. 임대 기간 역시 2년에 2회 연장이 가능하기 때문에 2년 후 소득이 늘어나면 나가야 한다. 39세까지 나이 제한이 있는 것도 이 주택의 한계라고 할 수 있다.

SH는 원룸 형태의 도시형생활주택도 밀고 있다. 도시형 생활주택은 무주택 1~2인 가구의 주거 안정을 위해 시행된 주거 형태다. 국민주택 규모의 300세대 미만으로 구성되는 주택이며 역시 임대주택이다. 세대 월평균소득이 전년도 도시근로자가구당 월평균소득의 70% 이하여야 하며, 모든 종류의 부동산(토지, 주택, 건축물)을 다 합쳐 1억 2,600만 원 이하여야 한다.

　　두레주택이라는 공공형 셰어하우스도 있다. 서울시 충신동에 있는 공공형 셰어하우스는 연극인들을 위한 전용 입주 공간이다. 서울시에 거주하는 만 40세 이하 무주택세대가 대상이고 가구 기준 월평균소득은 70% 이하, 총 자산은 2억 4,400만 원 이하, 심지어 소유한 자동차 가격이 2,545만 원을 넘으면 안 된다. 또 다른 임대주택인 청년협동조합형 공공주택은 만35세 이하로, 도시근로자 월평균 소득 70% 이하, 부동산 총액 5천만 원 이하, 소유한 자동차 가격이 2,200만 원 이하여야 한다.

　　이런 임대주택들이 사회에 꼭 필요한 정책이라는 건 변하지 않는 사실이다. 특히 임대받을 수 있는 자산 조건을 조금씩 다르게 하면서 임대 기간 중에 돈을 모아서 그 다음 단계로 올라갈 수 있게 한 점은 꼭 필요한 일이다. 커뮤니티시설, 창업자의 사무실 등을 포함한 것 역시 마찬가지다. 정부가 1인가구를 위한 임대주택 정책에 세심하게 신경을 썼다는 걸 알 수 있는 대목이다.

그런데 만약 이 1인가구가 아파트를 사고 싶다면? 가점제 청약제도는 사실상 한 가구에 세대원이 몇 명이냐가 가장 중요한 제도다. 1인가구에게는 특별히 가점을 더 주지 않을뿐더러 신혼부부 특별공급 등에도 해당 사항이 없다. 생애 처음으로 주택을 구입하는 가구에게 취득세를 감면해주고 대출 이자 등과 관련한 혜택을 주지만, 이는 오로지 신혼부부 등을 대상으로한 정책일 뿐이다. 1인가구가 아파트를 사는 것은 우리 사회에서 허용되지 않는 일일까? 세금도 꼬박꼬박 내고 청약도 빠짐없이 들었는데 혼자라는 이유로 정말 아파트를 사면 안 되는 것일까?

그럼에도 밀레니얼 세대가
아파트를 사고 있다

• ──── 아파트 가격이 도무지 내려올 줄 모르던 2019년, 밀레니얼 세대인 같은 부서 동료 2명이 비슷한 시기에 이사를 했다. 결혼을 앞두고 있던 1984년생 A씨는 서울시 중랑구에 구축 아파트를 샀다. 이미 아파트 가격이 급등했던 2017년 4월 가격보다도 40% 이상 오른 상태였지만, 주변 전세를 알아보다가 그냥 집을 사버렸다. 인테리어에도 큰돈을 썼다. 지금 안 사면 영원히 못 살 것만 같았기 때문이다.

1980년생인 B씨는 용인에 있는 아파트를 팔고 분당에 위치한 구축 아파트를 샀다. 대출을 최대한 끌어모아 샀다. 그

역시 다소 조정을 받을 수는 있어도 5년 후에는 분당에 있는 아파트를 현재의 가격으로는 절대로 살 수 없다고 생각했기 때문이다.

이 사례들은 지인들의 개인적인 선택이므로 밀레니얼 전체의 대표성을 갖는 것은 아니다. 그러나 30대 밀레니얼 세대들이 '이번이 아니면 다시는 사기 힘들다'는 생각으로 무리를 해서라도 집을 사는 사례가 심심찮게 보도되고 있는 것이 사실이다. 대부분의 사람에게 집은 인생에서 가장 큰 지출이자 투자다. 가장 비싸게 주고 사게 되는 상품이다. 물론 이들도 최근 3년~5년간 이 아파트 가격이 지역에 따라 2배, 3배 올랐다는 사실을 알고 있다. 또한 아마도 한 번쯤은 조정을 받을 것이라는 사실을, 즉 지금 사면 한동안 마음고생을 할 가능성이 크다는 것도 알고 있다. 그렇지만 가장 비싼 상품을 사기 위해서는 지금 당장 자신이 가지고 있는 종잣돈의 규모와 대출을 갚을 시간 등등 가격 외에도 다른 조건들도 고려해야만 한다. 기회를 놓치는 데 대한 두려움이 더 컸다고 볼 수 있다.

언론에서는 몇 년째 어떤 아파트가 얼마나 올랐는지, 서울의 땡땡 지역에서 팔리는 아파트의 중위가격(매물을 1~100으로 늘어놓았을 때 50번째 매물의 가격)이 N년 전에 비해 몇 배가 늘어났는지를 끊임없이 언급하며 기사로 쏟아내고 있다. 이런 트렌드에 운 좋게 일찍 올라타 자산이 몇 배로 늘어난 사람들의 성공담을 늘어놓는 상황이 나만 홀로 자산을 불리지 못했다는 자책감을 만들었다. 이 무지막지한 아파트 공화국에서 '나만 없어 아파트'와 같은 고립감에 빠지게 만들어버린 것이다.

그래서인지 밀레니얼이 집을 사고 있다. 국토교통부에 따르면 2020년 1분기 주택 매매 거래량은 총 32만 5,275건으로 집계됐다. 전년 동기 14만 5,087건에 비해 2배 이상 늘어난 수치다. 또한 5년 평균 20만 9,357건 대비 무려 55.4% 증가한 기록이다. 이 중 아파트는 24만 3,243건으로 전년 동기 대비 166.3%가 늘어났다. 5년간 1분기 평균치보다 74.0% 늘어났다. 특히 서울의 거래량 증가가 눈에 띄었다. 서울의 1분기 주택 매매거래량은 전년 동기 대비 207.0% 증가한 4만 9,810건이었으며 이 중 강남 4구(강남·서초·송파·강동)는

7,576건을 차지했다. 서울 외 경기도의 거래량은 전년 동기 대비 208.9% 증가한 10만 7,096건을 기록했다. 5년 평균 1분기 거래량보다 114.8% 늘어난 수치다.[*]

이 중 30대가 가장 많이 집을 샀다. 올해 1분기 서울 아파트 매매 거래량(증여·교환·판결 등 제외한 순수 매매거래 기준)은 총 2만 9,165건이었다. 이 가운데 31.2%인 9,101건을 30대가 매입한 것으로 나타났다. 특히 2020년 2월 30대의 서울 아파트 매입 비중이 32.9%를 기록해, 매입자 연령대별 거래량이 공개된 지난해 1월 이후 월별 거래량으로 가장 높은 비중을 차지했다. 이는 청약시장에 가점제 물량이 확대되면서 가점에서 밀린 30대들이 기존 주택 매입에 나섰기 때문이다. 특히 보유세와 대출 규제 강화로 다주택자의 매수 부담이 커지면서 상대적으로 무주택자가 많아 세금이나 대출 규제가 덜한 30대들이 주택시장에 대거 진입했다.[**]

---

[*] 〈이데일리〉, 2020년 4월 20일 자, '올해 1분기 예년보다 집 많이 샀다'
[**] 〈매일경제〉, 2020년 4월 21일 자, '대출규제·코로나에도 30대가 서울 아파트 가장 많이 샀다'

불안정한 시장 상황에서도 밀레니얼이 집을 사는 현상은 국내에서만 일어나는 특이 현상이 아니다. 〈뉴욕타임스〉는 2020년 3월 20일 자 'New York's Millennial Homeowners and Where to Find Them'이라는 기사에서 1981년~1996년에 태어난 밀레니얼 세대가 뉴욕 부동산시장을 주름잡고 있다고 보도했다. 그 이유를 처음으로 집을 사는 경우가 많은 이들 세대에게 역사상 가장 낮은 이자율로 주택담보대출이 주어지기 때문이라고 분석했다. 뉴욕의 밀레니얼들 역시 대출 외에 가족에게 돈을 빌리는 등 그야말로 '영혼까지 끌어모아' 지금과 같은 과도기에도 집을 사고 있다. 〈뉴욕타임스〉는 이 기사에서 뉴욕시 브루클린의 그린포인트 지역에서 지난 4년간 팔린 집 중 무려 17%를 밀레니얼 세대가 샀다고 언급했다.

반면 한국의 1인가구는 생애 처음으로 아파트를 살 때 혜택보다는 어려움을 더 많이 겪는다. 아파트를 가장 싸게 살 수 있는 기회인 청약제도의 근간은 가구 세대원 수라고 볼 수 있다. 사람이 많을수록 점수가 높고 신혼부부 등에 혜택을 주기 때문이다. 30대는커녕 50대 무주택자라도 혼자 살면서 받는 청약점수만으로는 아파트를 분양받는 일이 사실상 불가능에 가깝다. 우리나라의 밀레니얼 세대가 고립감에 떨 수밖에 없는 이유다.

우리들의
슬기로운 경제생활

안정적 직장이라는
환상에서 벗어나라

•──── '안정적'이라는 표현은 지금 현재의 상태를 말하는 것이어야 한다. '불안정'의 사전적 의미가 '안정되지 못한 상태'이니 만큼 안정적인 지금의 상태에 마땅히 안정감을 가져야 할 것이다. 안타깝게도 현실은 다르다. 특히 직장생활에서 안정적이라는 말은 미래의, 어쩌면 오지 않을, 희망적인 상태가 된 지 오래다. 현재 불안정한 사람은 물론 지금은 안정적인 사람도 미래의 어느 시점에 불안정인 상태가 되어버릴지 모른다는 불안감을 모두 안고 산다.

그럼에도 우리가 판타지와도 같은 안정적 직장을 여전히

꿈꾸는 건 안정적인 노동소득이 아파트 구매의 전제조건과 같기 때문이다. 하지만 노동소득의 안정성은 설령 돈을 많이 주는 직장에 운 좋게 들어간다고 해도 확보하기 어려운 것이다. 대부분의 직장인에게는 높은 소득을 받을 수 있는 시기가 한정되어 있기 때문이다. 취업 포털 잡코리아의 2019년 설문조사에 따르면 남성 직장인들은 은퇴해도 되는 나이를 67세, 은퇴하고 싶은 나이를 59세라고 답했다. 2017년 같은 조사에서는 은퇴 하고 싶은 나이가 62.9세, 직장에서 체감하는 은퇴 연령이 51.6세였다. 직장에서 여전히 차별받고 있는 여성의 경우 체감하는 은퇴 연령이 47.9세였다.

체감 은퇴 연령이 가장 짧은 영역은 디자인과 기획 부문으로 46세~47세였다. 이런 평균치들을 종합해 예를 들면 27.9세에 국내 최고의 디자인 회사에서 일을 시작한 여성은 20년을 근무하고 퇴사하게 된다. 이후로 같은 수준의 월급을 받을 확률은 35%에 불과하다. 아파트를 살 때 받는 부동산 담보대출의 규모가 법률과 함께 상환 가능 기간, 즉 노동 기간으로 결정되는 상황에서 이처럼 짧은 고소득 기간은 큰 문제가 될 수밖에 없다.

이보다 더 큰 문제는 다른 데 있다. 만약 누군가 현재 경제적으로 안정적인 상태라고 해서 그가 미래에도 안정적이고 행복할 수 있을 거라고 장담할 수 없기 때문이다. 성공과 실패를 동전의 양면이라고 놓고 보면, 성공에 성공이 거듭될수록 실패하고 불안정해질 확률이 기하급수적으로 늘어난다. 결국에는 그저 확률 싸움인 것이다. 여기에 더해 우리가 안정적인 직장이나 직업을 선호하는데도 불구하고 이상적으로는 생각하지 않는다는 문제도 있다. '안정적'이라는 말을 도전이 없고 발전이 없다는 말로 연결하는 성장우선주의가 오랫동안 이 사회를 지배해왔기 때문이다. 조직의 높은 사람들에게 인정을 받으려면 남들보다 빨리 더 많은 성취를 올려야 한다. 이는 사실 본질적으로 불안정한 행위다. 하지만 어느 조직에서나 20대80 법칙 속에서 장려돼왔다. 그래서 이를 보완하려는 시도 또한 늘 있어왔다.

2020년 21대 국회의 첫 법안으로 제출된 〈공공기관의 사회적 가치 실현을 위한 기본법 제정안〉은 공공기관에서 실적 외에도 사회적인 가치를 의무적으로 경영 전반에 도입해야 한다는 내용이었다. 최근 몇 년간 주목받게 된 사회적기업의 철학은 20%의 고성과자 대신 과거에는 생산성이 떨어진다며 배제돼온 노동자들을 중심에 놓고 있다. 조기은퇴와 퇴사 열풍도 상위 20%에 들어가기 위해 노심초사하지 않겠다는 이들이 그 중심에 있다. 그리고 이런 대안들이 아직도 논의되는 것은 대부분의 기업들에서 안정감이란 것이 환상일 뿐이라는 것을 반증한다.

안정적 직장이냐 아니냐의 문제는 소득과 함께 아파트 구매의 가장 큰 요인이다. 여기에 현금화가 가능한 자산의 금액을 더하면 살 수 있는 아파트가 결정된다. 대출금액과 금리가 사실상 정해져 있기 때문이다. 남는 것은 같은 매매가의 아파트들 중에서 어떤 지역에 있는 어떤 크기의 아파트를 살지 선택하는 일이다. 사실상 안정적 직장의 환상을 버리라는 말은 앞으로 대출금 액수를 가급적 최소화하라는 조언과도 같다.

일반적으로 부동산 단타족과 특별한 이유가 없는 갭투자자를 투기의 영역에 발을 걸치고 있는 존재로 취급한다. 호재가 됐든 부동산시장의 과열이 됐든 단기간에 큰 가격 상승을 노리고 있기 때문이다. 문제는 부동산 가격이 떨어지게 될 경우 이들의 문제가 개인의 문제로 끝나지 않고 사회적으로 큰 영향을 끼치게 된다는 데 있다. 우리 같은 일반적인 구매자들은 안정적 직장이라는 환상에서 벗어나 대출을 최소화하고, 최근 급등했거나 호재가 많기로 소문난 지역의 매물은 가급적 피하는 게 상책이다.

혼자 사는 사람들은
선택적으로 소비를 줄일 수 있다

•——— 소비가 미덕인 현대사회에서 소비를 줄이자고 주장하려면 용기가 필요하다. 약하게는 이기적이라는 비난부터 강하게는 국가경제 후퇴의 원흉이라는 비판까지 들을 수 있기 때문이다. 우선적으로 소비의 정의를 제대로 아는 것이 필요하다. 생각보다 소비의 범위와 정의가 복잡할 뿐만 아니라 경제 전반에 끼치는 효과도 막대하기 때문이다.

우리에게 익숙한 소비는 개인적인 소비다. 식료품이나 옷을 사거나 노트북이나 스마트폰을 구입하는 일이다. 물론 스마트폰에서 게임을 하면서 아이템을 구매하는 것도, 스트리

밍 서비스로 영화를 보거나 음악을 듣는 것도 모두 소비에 해당한다. 다만 이런 최종적인 재화를 사는 것은 좁은 의미의 소비로 봐야 한다. 개인이 최종적으로 재화와 서비스를 사용하기 위해 돈을 써버리는 것이다. 여기서 최종적이라는 것은 자신의 욕구를 충족하기 위해서 돈을 쓴다는 의미다. 그렇기 때문에 우리가 개인적인 용도로 노트북을 사면 이는 가계 소비가 되고, 노트북을 만든 기업은 생산자가 된다. 다만 기업이 업무를 위해서 노트북을 사는 것은 소비가 아니라 투자에 해당한다. 재화와 서비스를 생산하는 것이 목적인 기업이 노트북을 사서 여러 해에 걸쳐 반복적으로 생산을 위해 사용한다면 투자 활동에 해당되기 때문이다.

2019년 10월 우리의 부가가치세에 해당하는 소비세를 인상한 일본의 상황을 보면 소비가 왜 중요한지 이해하기 쉬워진다. 1989년, 일본은 소비세를 도입했다. 당시 소비세율은 3%였다. 1997년에 이를 5%로 인상했다. 그리고 아베 정권 들어 소비세를 2번이나 인상했다. 2014년 8%로 올라간 일본의 소비세율은 2019년 10월 10%가 되었다. 2015년 10% 인상을 추진했지만 거센 반대에 부딪혀 이를 4년이나 연기해야 했다. 경기침체를 우려하는 목소리가 높았기 때문이다. 소비세를 올리면 '소비 심리'가 위축되어 실제로 소비를 줄이게 되고, 이것이 경기침체로 이어질 것이라는 우려였다. 2016년 실제로 경기침체가 발생해 일본의 GDP(국내총생산)가 줄어들었다. 일본 경제는 지난 수십 년간 사실상 제자리걸음을 하고 있다. 우리나라도 1977년 소비세(부가가치세)를 신설했지만 10%에서 한 번도 올린 적이 없다. OECD 가입국들의 평균 소비세율은 20%에 육박한다. 소비를 줄이는 일이 국가 경제에 큰 영향을 끼친다는 것을 제대로 알 수 있는 대목이다.

혼자 사는 사람들은 일단 소비부터 줄여야 한다. 물론 모든 최종적인 소비를 일시에 영구적으로 줄이자는 것이 아니다. 굳이 따지자면 선택적으로 소비를 줄이자는 것이다. 1인 가구의 소비는 그 시기나 항목에서 아이가 있는 3~4인 가구와 큰 차이가 있다. 아이가 있는 집이라면 아이의 나이에 따라서 소비가 늘어나야 하는 시점이 있다. 반면 1인가구의 소비는 자신의 취향과 삶의 목적에 따라서 판이하게 달라진다. 자녀들의 대학 입학, 결혼 과정에서 큰 소비를 해야 하는 우리나라 대다수의 4인가구와는 달리 1인가구는 50대에 소비를 늘릴 필요가 없다.

무엇보다 1인가구는 그야말로 개인의 욕구를 충족시킬 수 있는 소비가 가능하다. 다만 모든 소비 욕구를 충족시키다가는 파산하기 십상이기 때문에 정말 필요하고 가지고 싶은 것을 고르는 것이 중요하다. 정말 가지고 싶은 항목에 대한 소비를 앞당기고 늘리는 대신 굳이 그럴 필요는 없는 소비들은 억제할 수 있는 자제력이 필요하다. 아파트가 갖고 싶은 1인가구라면 궁극적으로는 부동산 구매가 개인의 투자 영역에 있을 것이다.

아파트 구매는 시세차익보다는 갖고 싶다는 욕구에 가장 잘 맞는 방식으로 소비해야 한다. 즉 혼자 살지만 아파트가 갖고 싶다면 지금 당장 사야 한다. 그래야 빚을 빨리 갚을 수 있기 때문이다. 노동 기간이 줄어들어도 살아갈 수 있기 때문이다. 현재의 소비 욕구를 굳이 뒤로 미루기보다는 소비 욕구를 충족하는 행복한 기간을 늘리는 것이 더 중요하기 때문이다.

소비를 줄이면 자기 삶의 주인이 될 수 있다. 1인가구는 확실히 그렇다. 물론 소비를 줄이는 방법을 찾는 것이 쉬운 일은 아니다. 우선 자신이 얼마나 벌고 또 얼마나 쓰는지를 파악해야 한다. 귀찮아도 가계부를 쓰면 도움이 된다. 1년 동안의 소비를 보면서 굳이 필요 없는 것들은 의식적으로 줄이려고 노력해야 한다. 소비의 우선순위를 정하고 자신의 삶에 도움이 되는 방식으로 재구성해야 한다. 정답이 있는 것이 아니라는 뜻이다. 아파트가 갖고 싶고, 아파트에서의 삶이 도움이 될 것 같으면 아파트 구매를 우선순위에 올리면 된다.

흔히 '똘똘한 한 채'라고 해서 고급 주거지역 내의 비싼 아파트나 더 비싸질 것 같은 아파트를 갖는 것을 추천하곤 한다. 그런데 이 '똘똘한 한 채'가 더욱더 똘똘해져서 투자로서 차익 실현에 나선다면 어떻게 될까? 지금보다 훨씬 더 '안 좋은' 지역의 더 좁은 아파트로 이사를 가고 나머지를 노후자금으로 쓸 수 있을까? 아마도 힘들 것이다. 소득이 줄어도 소비나 생활수준을 일시에 줄이지 못한다는 경제이론까지 들먹일 필요도 없다. 결국 차익을 실현해도 비슷한 가격의 아파트나 그보다 좀 더 비싼 아파트로 이사를 가게 될 것이다. 1주택 보유자가 소유한 아파트의 가격이 크게 오른다는 것은 비싼 아파트를 팔아서 비싼 아파트를 또 산다는 것에 불과하기 때문이다. 아파트에서 살고 싶어 하는 마음, 아파트를 갖고 싶어 하는 마음과 아파트에 집착하는 마음을 구별할 줄 알아야 하는 이유다.

아파트 구매를 위한
최소한의 자금 만들기

• ――― 몇 년 전 외부 필자에게 아무도 다루지 않는 주제의 원고를 맡긴 적이 있다. '대한민국 평균 월급보다 적은 돈을 버는 이들을 위한 재테크 방법'이라는 주제였다. 2019년 우리나라 노동자의 평균 월급은 300만 원이 조금 넘었다. 그러니까 세전 월급이 120만~200만 원인, 세금 떼면 이보다 더 적은 월급을 받는 이들을 위한 재테크 방법이었다. 어떤 주제도 척척 써서 보내주던 증권사 임원도, 유명한 투자회사의 대표도 이 주제 앞에서는 약한 모습을 보였다. 한 증권사 임원은 그 정도 월급에서 생활비를 제하고 남는 돈으로 종잣돈을 만들라고 권할 만한 방법이 없다고 솔직히 털어놓았다.

그래도 한 달에 활용할 수 있는 돈이 50만 원에서 100만 원인데 정말 종잣돈을 만드는 방법이 없었던 것일까? 그러면 이 정도의 월급을 받는 많은 직장인이 종잣돈 만드는 대신 고단한 노동을 잊기 위해서 그 돈을 다 소비하는 게 낫다는 것일까?

물론 아니다. 모든 돈은 소중하다. 활용할 가치도 충분하다. 그저 이 외부 필자들이 이 주제와 관련해서 자신들에게 이득이 될 만한 금융상품을 가지고 있지 않았을 뿐이다. 한 달에 생활비를 제외하고 몇 만원에서 60만 원 정도가 남는다고 상정해보자. 이 돈으로 정말 종잣돈을 만들 수 있을까? 당연하다. 우선 12개월 만기 2만 5천 원짜리 적금을 매월 붓는다. 지난달에 하나를 만들었으면 이번 달에는 하나를 더 만든다. 적금은 2개가 된다. 각각 2만 5천 원씩 총 5만 원을 붓는다. 이렇게 조금씩 늘려가다 보면 12개월이 지나 하나씩 만기가 돌아오게 된다. 이를 '통장 풍차돌리기'라고 부른다. 물론 요즘 같은 세상에 이런 식으로까지 통장을 늘릴 필요는 없다. 은행들이 홍보용으로 높은 이자율을 주는 소액 예적금 상품 찾아서 들어도 꽤나 쏠쏠하기 때문이다. 이런 방식으로

단돈 만 원이라도 쓰고 남은 돈이 있기만 하면 종잣돈을 만들 수 있다. 재테크 방법까지 갈 필요도 없다. 적금 붓고 만기되면 예금으로 만든다. 종잣돈 만들겠다고 주식이나 기타 리스크가 큰 금융상품에 가입하는 것은 위험천만한 일이다. 종잣돈을 모으는 방법은 이미 설명한 소득 파악과 소비 줄이기가 전부라고 보면 된다. 종잣돈을 모으는 과정에서 어떤 사람은 주식이나 펀드의 비중을 높일 것이고, 어떤 사람은 적금과 예금의 비중을 높일 것이다. 또 어떤 사람은 주식이나 펀드 대신 암호화폐와 같은 리스크가 큰 투자를 늘릴 수도 있을 것이다. 그러나 종잣돈의 핵심은 소득을 늘리고 소비를 줄이는 데 있다는 사실을 명심해야 한다.

전문가들과 일반 직장인들의 종잣돈에 관한 시각이 크게 다를 수밖에 없는 또 다른 이유는 바로 목표로 하는 액수가 다르기 때문이다. 혼자인 우리는 지금 당장 우리가 살 수 있는 한도 내에서 가장 마음에 드는 아파트를 사야 한다. 여기서 가장 중요한 것은 '살 수 있는 한도 내'에서다. 누구나 한남동에 있는 고급 아파트인 한남더힐에서 살고 싶어 한다. 하지만 우리가 50억짜리 아파트를 지금 당장 살 수는 없다.

혼자 사는 우리가 가장 먼저 버려야 하는 것이 바로 외부의 시선이다. 아무리 한강이 보이는 압구정동 현대아파트에서 살고 싶다고 해도 순서가 있는 법이다.

직장이 서울이라면 출퇴근 가능한 범위의 도시들을 살펴보자. 특히 오래된 구도심이 잔뜩 있는 인천의 10평대 아파트는 지금도 1억 미만인 매물들이 꽤 있다. 인천은 대출 비규제 지역이다. 소득별로 차이가 있겠지만 많게는 구입자금의 80%까지 대출이 가능하다. 이럴 경우 종잣돈은 2천만 원이다. 실수령 월급이 150만 원이고 현재 최소한의 소비를 위해서 80만 원이 나간다고 하면 월 70만 원, 연 840만 원을 저축할 수 있다. 대략 2년 6개월이면 종잣돈을 마련할 수 있다. 3년을 모아서 남는 돈으로 셀프 인테리어를 한다면 만족도는 더욱 높아질 것이다.

물론 그곳에서 오랜 기간을 살아도 무방하다. 혹시나 가격이 오르게 되면 팔고 그에 맞는 아파트로 이사를 가도 좋다. 다만 집값이 오른 만큼 내야 하는 양도소득세를 최대한 줄이려면 8년 정도는 살아야 한다. 물론 양도소득세가 무서워 가격이 많이 올랐고 살기 싫은데도 억지로 살 필요는 없다. 오르면 시세차익을 챙겨 다음 아파트로, 자신이 진짜 살고 싶은 아파트를 향해 찬찬히 옮겨가는 것이 오래전부터 우리 사회에서 이어져온 투자법이다. 그러기 위해서 가장 먼저 해야 할 일은 종잣돈이라는 애매모호한 말을 버리는 것이다. 대신 1억짜리 아파트의 20%인 2천만 원, 2억짜리 아파트의 30%인 6천만 원, 이런 식으로 '아파트 구매를 위한 최소한의 자금'을 종잣돈이라는 말 대신 써야 한다. 그래야 아파트 구매라는 현실적인 목표가 더욱 와닿기 때문이다.

제아무리 소득이 높은 사람도 월급만 모아서는 대한민국 최고의 부촌 한가운데 있는 아파트를 살 수 없다. 1년에 2억 원씩 모은다고 해도 20년, 30년이 걸리는 아파트를 오직 종잣돈 아니, 아파트 구매를 위한 최소한의 자금만으로 살 수 있는 사람은 사실상 없다. 꼭 사고 싶은 아파트가 있다면, 직진 대신 우회해서 시간을 들여 여러 번 이사를 각오하고 자금을 운영해야 한다. 그러나 혼자 사는 여러분들은 여럿이 사는 사람들에 비해 남들의 시선을 의식하거나 고려해야 할 입지 조건이 적으니, 최대한 빨리 '아파트 구매를 위한 최소한의 자금'을 모아야 한다. 그리하여 대출규제 외 지역의 저렴한 아파트 중에서 그나마 나은 하나를 지금 당장 사야 한다.

뉴욕에서 부동산 담당기자를 2년간 하면서 가장 놀라웠던 것은 겉으로 보면 칙칙하고 오래된 5층짜리 건물에 있는 아파트라도 막상 들어가면 고급 아파트였다는 사실이다. 외부 시선을 의식하는 대신 내가 생활하는 공간에 초점을 맞추는 뉴요커들의 실용주의를 배워볼 것을 추천하는 이유다. 최대한 빨리 아파트 구매를 위한 최소한의 자금을 만들고, 이후에는 대출을 빨리 갚아 다음 아파트로 이동하자. 물론 그대로 그곳에서 뿌리를 내리고 살아도 좋다. 오래된 골목만 있었던 서울의 마포가 어느 날 갑자기 살기 좋은 곳이 된 것처럼, 돈에 맞춰 샀던 오래된 구도심의 아파트가 어느 날 갑자기 이른바 좋은 아파트가 될 수도 있다.

피할 수 없는 대출
제대로 알고 시작하자

•──── 2016년부터 전국 아파트 가격이 계속해서 오르자 정부가 여러 가지 대책을 내놓고 있다. 특히 2018년 이후 내놓은 정책들의 핵심은 대출을 규제하는 것이다. 대출 한도를 조정하고, 대출을 받을 수 있는 자격을 엄격하게 고쳤다. 언론에서는 부동산 관련 세금을 인상을 집중적으로 비난하고 있지만, 사실 세금 인상에 부정적인 것은 부유층이다. 2020년 4월 15일 21대 국회의원 선거에서 이 같은 사실이 입증되었다. 현재 부동산정책을 내놓고 있는 여당, 즉 더불어민주당이 서울 대부분의 지역구에서 당선자를 쏟아낸데 반해 강남구·서초구·송파구·용산구에서는 야당인 미래

통합당에서 당선자를 냈다. 부동산 세금이 많이 오른 곳이라는 공통점이 있다. 실제로 강남구와 서초구에서는 종합부동산세 등 부동산 관련 세금을 내리겠다는 정책이 등장했었다.

이처럼 정부가 부동산 관련 대출 규제를 강화하는 것은 아파트를 결코 종잣돈 아니, 아파트 구매를 위한 최소한의 자금으로만 살 수 없다는, 아니 사지 않는다는 현실을 잘 보여준다. 혼자 살지만 아파트는 갖고 싶은, 다시 말해 아직 아파트가 없는 독자들에게는 아직 부동산과 관련한 세금정책이 와닿지 않을 것이다. 그런 우리가 먼저 관심을 가져야 하는 것은 부동산 구입 시 대출 관련 정책이다.

문재인 정부가 21번째로 내놓은 부동산 규제책은 그 유명한 '갭투자'를 잡는 내용이다. 갭투자란 전세를 끼고 집을 사면서 매매가와 전세가의 차이만큼만 실제로 투자를 하고, 이후 집값이 올랐을 때 시세차익을 노리는 것을 말한다. 실제로 갭투자자들이 지난 3년~4년간 가장 많은 돈을 벌었다. 그러나 이제는 다르다. 아파트를 사면 실제로 1년~2년간 거주해야 이 차익을 실현할 수 있다. 양도세 감면 역시 마찬가지다. 그럼에도 불구하고 사람들이 전세가와 매매가 차이가 별로 나지 않고 이런 규제에서 빗겨가 있는 지방 아파트를 대거 매수하기 시작했다. 그렇게 갭투자자들이 지역 부동산 가격을 올려놓자 2020년 6월 18일 정부가 또다시 대책을 내놓았다.

이 대책의 가장 중요한 키워드는 투가과열지구·조정대상지역 등의 규제지역 확대다. 투기과열지구에서는 시가 15억 원을 초과하는 고가주택에 대한 주택담보대출이 금지된다. 9억 원 초과 주택의 LTV 주택담보대출비율도 20%로 낮아진다. 조정대상지역에서는 LTV가 9억 원 이하에 50%, 9억 원 초과에는 30%가 적용된다. DTI 총부채상환비율는 50%로 묶이고 청약 1순위 요건도 강화된다. 특히 투기과열지구를 확대하고, 일부 접경지를 뺀 경기도 대부분을 조정대상지역으로 지정한다.

이 정책을 텍스트로 놓고 공부를 시작하자. 우선 투기과열지구, 조정대상지역 등 규제지역부터 알아보자. 부동산 규제지역은 투기지역, 투기과열지구, 조정대상지역으로 나뉜다. 이러한 지역 구분에 따라 대출금액이 제한된다. 우선 LTV

는 주택담보가치 대비 대출이 가능한 금액을 뜻한다. 한마디로 아파트 시세 대비 몇 퍼센트까지 주택담보대출을 받을 수 있는지 확인하는 것이다. DTI는 대출을 받는 사람의 연소득 대비 대출 상환액을 말한다. DTI는 연간 소득을 연간 대출상환액으로 나눈 금액에 100을 곱해서 구한다. 특히 원금과 이자 상환액을 함께 갚아야 한다. 그밖에 DSR^{총체적상환능력비율}이 있다. 개인별로 정해진 제한 수준은 없지만 금융회사에서 이를 관리하기 위해서 대출심사 시 적용하는 기준이다.

DTI = 연간 대출 상환액 (원금 + 이자) / 연간 총소득 x 100

다시 규제지역으로 돌아가면, 서울의 강남구·서초구·송파구·강동구·용산구·성동구·노원구·마포구·양천구·영등포구·강서구·종로구·중구·동대문·동작구 등 15개 구와 세종시는 투기지역으로 지정되어 있다. 이럴 경우 LTV와 DTI는 모두 40% 이내여야 한다. 중도금 대출 발급 요건도 세대당 보증 건수를 1건으로 제한하고, 2건 이상 아파트 담보대출이 있을 경우 주택담보대출의 만기연장을 제한한다. 서울시 전역과 과천시, 성남시 분당구, 광명시, 하남시, 대구광역시 수

성구 등이 포함된 투기과열지구에서도 LTV와 DTI는 역시 40%로 제한된다. 경기도와 부산광역시 일부가 포함된 조정대상지역의 경우 LTV는 60%, DTI는 50%를 적용한다. 이처럼 자신이 구매할 아파트가 어느 지역에 있느냐에 따라서 대출금액이 결정되므로 은행이나 정부 지원자금을 신청할 때는 미리 자금조달 계획을 세워두는 것이 좋다.

더불어 주택을 처음으로 구입하거나 소득이 높지 않을 경우, 주택도시기금에서 운영하는 내집마련디딤돌대출에 해당하는지를 잘 살펴봐야 한다. 일반 시중 은행보다 이자율이 싼 정부지원 자금을 신청할 수 있기 때문이다. 연소득이 6천만 원 이하, 순자산이 3억 9,100만 원 이하라면 시중 금리보다 싼 연 1.95~2.7%의 디딤돌대출을 신청해야 한다. 대출기간은 최소 10년에서 최대 30년이다.

특히 자세히 봐야 하는 부분은 신용등급이다. 10등급 중에서 1~9등급에게는 모두 대출을 해준다. 집을 사면 소유권 이전등기를 하는데 그 전에 신청해야 한다. 주거 전용면적이 85 m^2(약 25.7평, 수도권을 제외한 도시지역이 아닌 읍 또는 면 지역은 100㎡인 약 30.3평) 이하인 주택으로 대출 접수일 현재 담보 주택의 평가액이 5억 원 이하여야 한다. 이 조건을 충족하면 최고 2억 원 이내에서 대출을 해준다. DTI는 60% 이내, LTV 는 70% 이내에서다. 소득수준이 낮을수록 금리는 더 낮아진 다. 연소득 2천만 원 이하면 10년 만기 기준으로 연 1.95%다. 여기에 처음으로 집을 사는 경우 생애최초주택구입자로 연 0.2% 포인트를 더 내려준다.

역사상 최저 이자율
알차게 활용하자

•——— 이자율은 '아파트 주택담보대출 2.8%' 같은 말처럼 지금 이 순간의 시중 은행 금리표만 중요한 요소로 작용하는 것이 아니다. 지금 이 순간의 이자율로만 따져서 아파트를 사겠다는 것은 매우 위험한 발상이다. 예를 들어 우리가 원유 가격에 연동된 파생상품에 투자를 한다고 가정해보자. 그것도 2020년 2월 원유 중 서부 텍사스 중질유 파생상품, 그중에서도 가격 변동 폭의 2배를 추종하는, 그리하여 레버리지라고 부르는 상품에 투자를 했다고 상정해보자. 그 결과는 충격적일 수 있다.

2020년 1월 3일 배럴당 60달러였던 원유 가격은 3월 9일 반토막이 나 30달러가 되었다. 코로나 바이러스로 세계 경제가 불황에 빠질 가능성이 높았다. 그렇게 되면 생산과 소비에 쓰이는 원유 수요가 줄어들 것이었고 이에 따라 가격은 낮아질 것으로 예상되고 있었다. 일부에선 20달러 미만으로 떨어질 수 있다는 경고가 나왔다. 하지만 모든 상품이 그렇듯 그때가 되면 실제로 살 수 있을지 없을지 모르기 때문에 30달러라면 충분히 매력적인 상황이었다. 그렇지만 4월이 되면서 원유 현물 가격은 0달러가 되었다. 우리가 주식시장에서 거래되는 모든 주식, 채권, 펀드 등을 위험자산으로 분류하는 것은 단순히 가격의 등락폭 때문이 아니다. 가격이 내릴 경우 기준이 되는 자산도 함께 줄어들어 이를 회복하기 매우 어렵기 때문이다.

이자율이든 수익률이든 퍼센트로 표현되는 모든 자산에는 이런 식의 위험이 따른다. 증시에도 얼마 이상 가격이 오르거나 내리면 거래를 몇 분씩 중단해 과열이나 공포를 방지하는 장치가 마련되어 있는 이유다. 이렇게 길게 특정 투자상품의 위험성을 예로 들어 설명하는 이유는 그만큼 퍼센트의 위험성을 인식하고 있어야 하기 때문이다. 아파트를 살 거면 가급적 빨리 사야 하지만, 적어도 자신의 투자에 책임을 질 수 있는 정도의 지식을 갖추는 것이 반드시 전제되어야 한다.

평범한 사람들에게 금리(이자율)는 2가지 의미를 가지고 있다. 하나는 예금이나 적금 상품에 가입했을 때 적용받는 이자율을 의미한다. 다른 하나는 은행에서 돈을 빌렸을 때 은행에 지급해야 하는 이자율을 의미한다. 은행이 누군가에게 돈을 빌려줄 때 그 돈은 도대체 어디에서 나오는 것일까? 은행이 돈을 찍어내지 않는 한 그 돈은 반드시 누군가로부터 받은 돈이다. 기업이든 일반 직장인이든 누군가가 은행에 돈을 맡겨야 은행의 대출 시스템이 작동하기 때문이다.

은행이 이런 예금과 적금 등으로 시중에서 돈을 조달해 올 때의 금리는 주택담보대출을 포함해 기업과 개인에게 돈을 빌려줄 때의 금리보다 낮다. 이 차이를 '예대마진'이라고 부른다. 쉽게 말해 은행이 최소한 이 차이만큼의 이익을 가져가는 것이다. 사람들이 예금이나 적금 금리보다 수익률이 낮아 보이는 부동산에 투자를 하는 것은 이 부동산의 미래가치가 지금보다 훨씬 더 높아질 것을 기대하기 때문이다. 여의도나 압구정동의 오래된 아파트들의 전세 시세, 즉 현재가치는 무척 낮지만 지금 거래되는 가격은 전세금의 3배를 훌쩍 넘긴다. 역으로 만약 가까운 시일 안에 이 부동산에 재건축이 진행되어 해당 아파트들의 가치가 급상승하지 않는 한 큰 낭패를 보게 되는 것이다.

단순히 아파트를 사야겠고, 모자란 돈을 어딘가에서 빌려야 할 때 그 조달금리가 얼마인지에만 관심을 갖는다면 낭패를 볼 수 있다. 일단 한국은행 산하의 금융통화위원회가 1년에 8번 정하는 기준금리와 주택담보대출 상품을 취급하는 시중 은행들의 금리는 크게 다르다. 기준금리만 해도 항상 오르거나 내리거나 그대로인 상황은 거의 없다. 국내 기준금리도 정권과 경제 상황에 따라 크게 출렁거려왔다.

2001년 2월 우리나라의 기준금리는 5%였다. 내리고 오르기를 반복하다가 2007년 8월 다시 5%대가 되었다. 6년에 걸쳐 3%까지 떨어졌다가 다시 5%로 오른 기준금리는, 2007년

8월부터 2008년 2월까지 6개월 동안 무려 2%대로 곤두박질쳤다. 일반적으로 금리를 내리는 이유는 경기가 안 좋은 상황에서 돈을 많이 풀어 경기를 다시 끌어올리기 위한 것이다. 그러나 이렇게 금리를 한꺼번에 내리면 인플레이션이 발생해 물가에 영향을 끼치게 된다. 한마디로 물가가 오르고 서민들 생활은 안 좋아지는데, 돈을 빌려 투자를 할 여력이 있는 기업이나 자산가들에게는 천국과 같은 상황이 발생하는 것이다.

더군다나 앞서 말했던 것처럼 현재의 기준금리와 예금금리, 대출금리는 다 다르다. 가장 높은 건 물론 대출금리다. 2020년 6월 현재 우리나라 기준금리는 0.5%다. 하지만 주택담보대출 변동금리를 결정하는 코픽스(국내 8개 은행 평균 자금조달비용지수)는 5월에 1.06%였다. 이에 따른 주택담보대출 변동금리는 보통 2.2~3.7% 정도였다. 6월에는 1.9% 정도였다. 그러나 이런 황금 금리를 적용받을 수 있는 사람들은 손에 꼽을 정도로 적다. 대부분의 사람은 그냥 금리가 0에 가까워져도 주택담보대출로는 항상 2~3% 정도 내야 한다고 보면 된다.

대출금리는 보통 변동형과 고정형으로 나뉜다. 변동형은 시장 금리가 변동하는 데 따른 위험을 대출받는 사람이 책임지는 것이다. 금리가 2%였다가 10%로 뛰면, 원칙적으로는 원래 대출이자의 5배를 더 내야 한다. 하지만 고정형은 지금 3%에 계약해 나중에 금리가 12%가 된다고 해도 그대로 3%를 내면 되는 것이다. 당연히 고정형이 우리에게 유리하다. 그만큼 과거에는 변동형보다 고정형 금리가 높았다. 그러나 2018년부터는 이 2개 금리가 역전되는 현상이 자주 있었다. 한마디로 고정형이 더 싸게 되었다. 변동형 금리는 코픽스로 결정되는데, 고정형은 금융채 5년물 금리에 연동되고 이 금리가 역대 최대치를 기록하고 있기 때문이다.

원유 가격은 사실 한때 마이너스를 기록하기도 했다. 일반인들과 상관없긴 하지만, 한때 하루 정도 원유를 사면 역으로 파는 쪽에서 돈을 주어야 하는 가격이 만들어졌다. 기름을 운반하고 보관하는 비용을 파는 쪽에서 준다고 해도 수요가 없었다는 얘기다. 아파트를 살 때 필요한 건 지금 어느 은행의 이자율이 가장 싼지 알아보는 일이다. 그러나 아파트도 결국은 자산이라 이 자산을 보유하는 데 위험이 따를 수밖에 없다.

은행 말고 집에서 현찰을 보관한다고 생각해보자. 화재는 물론이고 화폐 가치가 크게 하락할 수도 있기 때문에 위험이 전혀 없다고 할 수 없다. 마찬가지다. <u>아파트를 갖는 것도 중요하지만, 그 아파트를 잃지 않는 것은 더 중요하다.</u> 우리가 금리와 경기에 항상 관심을 가져야 하는 이유다.

Chapter 3

아파트를 사려거든
이것만은 기억해라

밀레니얼 1인가구, 낙인일까 축복일까

• ——— 밀레니얼 세대라는 용어는 1991년 미국에서 처음 등장한 말이다. 밀레니얼 세대는 1981년에서 1996년 사이에 태어난 이들로, 베이비부머 세대의 자녀들이기도 하다. 이들은 대학 진학률이 높다. 인터넷 시대에 태어나 다양한 정보를 접하면서 자랐다는 특징이 있다. 2008년 금융위기 이후 사회에 진출하면서 최근 10년간 취업난을 겪었고, 학자금 대출과 일자리 수준의 문제로 소득이 적은 편이다. 자연스럽게 지출은 물론 부동산 투자에도 시큰둥한 세대가 되었다. 우리나라의 밀레니얼 세대 역시 '취업이 뇌물'인 세상에서 자라났다. 정규직 일자리가 줄어들어 소득과 자산은 많지 않은데

경쟁은 치열하다 보니 덜 벌고 덜 쓰려는 경향이 있다. 결혼과 승진을 마다하는 경우도 있다. 일찍 은퇴를 꿈꾸는 이들이 많다.

최근 몇 년간 전국의 아파트 가격이 크게 올라 폭탄 돌리기가 되어버린 상황에서 베이비부머 세대의 매물을 누가 받아가느냐에 지대한 관심이 쏠렸다. 2018~2019년 결혼한 밀레니얼 세대 중 상당수가 지금 사지 않으면 영원히 못 살 수도 있다는 생각에 무리를 해서라도 아파트를 구입했다. 그러다 보니 기혼 밀레니얼 세대가 아파트를 투자로 여기는 경향이 높아진 것도 사실이다.

서울에 있는 대규모 아파트 단지일지라도 최소 전용면적 32평을 사라는 규격화 바람이 일었다. 물론 수요가 가장 많은 상품을 사서 수익을 최대한으로 창출하려는 행위에 시비를 걸 사람은 없을 것이다. 다만 이 때문에 우리나라의 아파트 신화가 계속되고 있다는 것이 문제다. 대지면적으로는 아파트보다 몇 배 더 넓은 주택들이 외면당하는 일이 발생하고 있고, 이것이 또다시 아파트 신화로 연결될 것이기 때문이다. 이로 인해 더 많은 아파트가 생겨날 것이고 주택 경기 사이클상 언젠가는 거품으로 연결될 것이기 때문이다.

밀레니얼 세대의 아파트 사랑은 통계로도 확인할 수 있다. 한국감정원은 2020년 5월 한 달 동안 서울 아파트 매매 총 4,328건 중 30대가 1,257건을 매입했다고 발표했다. 전체의 29%다. 전 연령대를 통틀어 밀레니얼 세대가 아파트를 가장 많이 산 것이다. 기존에 주택 매매 시장을 주도하던 40대는 27.8%였고, 50대는 17.8%였다. 30대가 40대를 앞지른 일이 2020년 1월부터 5개월 연속으로 벌어진 것이다. 30대가

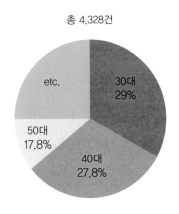

총 4,328건

▲2020년 5월 서울 아파트 매매 현황(출처: 한국감정원)

주류인 밀레니얼 세대가 아파트를 사는 가장 큰 이유는 청약 시장이 추첨이 아닌 가점제로 재편되면서 분양을 받는 일이 하늘의 별 따기이기 때문이다. 여기에 이번이 마지막 기회라는 심정으로 규격화된 투자를 하고 있는 것도 큰 이유다.

어느 나라에나 부촌은 존재한다. 누구나 살고 싶어 하는 곳이라면 당연히 가격이 올라가기 마련이다. 경제학적으로 투자와 투기를 명확하게 구분하는 것이 쉬운 일은 아니다. 하지만 그 집에 가보지 않고도, A 동네의 B 브랜드 N평 아파트라는 이유만으로 앉아서 시세를 알 수 있는 작금의 상황은 아파트를 집이 아닌 투자 상품으로 만들어버렸다. 물론 집에 대한 투자도 투자다. 투자를 했으면 시세차익을 노리는 것도 당연하다. 다만 집이 상품이 되어버린 오늘날의 현실이 밀레니얼 세대로 하여금 경제적으로 무리를 할 수밖에 없게 만들었다. 이것이 훗날 부동산 하락기에 커다란 문제가 될 수 있다는 사실을 반드시 기억해야 한다. 베이비부머 세대, X세대, 밀레니얼 세대 모두 일단 결혼하고 가정을 꾸려나가기 시작하면 높은 확률로 아파트를 상품으로 취급하게 된다.

이런 상황 속에서 밀레니얼 1인가구 대다수는 부동산 대세상승기의 자산 불리기에서 외면당한 듯한 기분을 느끼고 있을 것이다. 하지만 <u>길게 보면 혼자 사는 밀레니얼에게 큰 축복이 될 수도 있다.</u> 부동산은 기본적으로 돈을 빌려서 사는 자산이다. 오히려 전액 현금을 주고 부동산을 사는 게 이상한 일로 여겨질 정도다. 그렇기 때문에 정부의 규제도 대출 한도와 자격을 강하게 죄는 형태로 나타난다. 대출에서의 관건은 이자율과 세금이다. 특히 주택담보대출의 경우 이에 대한 세금 혜택을 얼마나 부여하느냐가 부동산 과열을 조정하는 핵심적인 열쇠가 된다. 정부의 규제책이 결국 세금인 이유다.

대출과 세금은 개인의 운신의 폭을 좁게 만든다. 기본적으로 실거주 의무가 있다면 반드시 그곳에서 거주해야 한다. 지역에 따라 대출 한도도 다르다. 세금도 마찬가지다. 어느 지역에 얼마짜리 아파트에 사는지에 따라 적용되는 세율이 전부 다르다. 해당 아파트에 얼마나 살아야 할지도 양도소득세로 결정된다. 그렇기 때문에 밀레니얼 1인가구는 오히려 유리할 수 있다. 기본적으로 아파트 가격의 대부분이 아이들의 교육과 강하게 연동되어 있는 우리나라에서 학군과 학원 밀집 지역을 비껴갈 수 있는 사실상 유일한 이들이 바로 1인 가구이기 때문이다.

밀레니얼 세대의 또 다른 특징으로 '따로 또 같이'라는 가치관을 들 수 있다. 혼자보다는 여럿이 무언가를 하길 즐기지만, 그 안에서 사생활의 존중을 원하는 것이다. 이를 느슨한 인간관계라고 표현할 수 있을 것 같다. 드라마 '응답하라' 시리즈는 1980년의 이른바 '이웃사촌' 관계나 1990년대 대학가 하숙집의 강한 연대를 잘 구현해냈다. 하지만 오늘날 현실에서 그처럼 강하게 연결된 일상을 산다는 건 사실 무척이나 피곤한 일이다. 마찬가지로 학부모라는 공통점으로 강하게 연결되어야 정보력에서 뒤지지 않는 대치동 유명 학원가 주변에 있는 아파트에서의 삶은 상당히 고단할 수 밖에 없을 것이다. 밀레니얼 1인가구가 지금은 여러 아파트 단지 내에서 비주류인 경우가 많지만, 언젠가 느슨한 인간관계와 사회적 거리두기 등이 일반화된다면 비주류에서 주류로, 낙인이 아닌 축복이 될 것으로 기대하는 이유다.

아파트를 살 buy 때와
아파트에서 살 live 때

•——— 아파트를 샀지만 그 아파트에 실제 거주하지 않는
사람들이 우리들의 생각보다 월등히 많다. 이런 사람들의 상
당수는 보통 재건축을 노리고 오래된 아파트를 투자용으로
산 경우가 많다. 또한 직장이나 아이들 교육 때문에 부득이
하게 이사를 해야 하는데 현재 가지고 있는 아파트의 미래가
치가 이사 갈 곳의 아파트의 미래가치보다 높다고 여겼기 때
문이기도 하다. 전세를 주고 전세를 사는 사람들도 많다. 하
지만 이런 모든 것들은 2020년 6월 정부가 실거주를 강조하
는 정책을 내놓으면서 위기에 놓였다.

아파트를 사고자 하는 사람들이 늘어날 때는 당연히 아파트 매매가격이 올라갈 때다. 아파트의 가격이 오르면서 수요가 늘어나고 그 수요가 또 가격 상승을 불러온다. 아파트의 인기가 내려갔던 2010년대 초반에는 당연히 아파트의 가격이 함께 내려가기도 했다. 실제로 2010년대 초반에는 단독주택이 인기를 끌었다. 대세를 좌우할 정도는 아니었지만 트렌드 중 하나가 될 만큼의 인기는 있었다.

2010년 한 언론사에 다니던 A씨는 국내 대기업 중 한 곳으로 이직했다. 마당이 있는 집에 살고 싶어 이직과 함께 대출을 받아 서대문구 연희동에 2층짜리 단독주택을 지은 것이다. 그러나 2015년 A씨가 경기도에 있는 한 중견기업의 대표를 맡으면서 문제가 생겼다. 단독주택은 그곳에 사는 사람이 직접 관리해야 하는 일이 많다. 관리를 제대로 하지 못하면 문제가 커지기 십상이다. 이 단독주택의 매매는 차치하고 세를 주는 일도 쉽지 않다. A씨는 결국 팔리지 않는 주택을 지인에게 싼 가격에 세를 주고, 판교에 있는 한 아파트에 전세로 들어갔다. 마당이 있어 운치가 좋고, 사생활 보호도 잘되며, 사는 사람의 취향에 맞춰 설계된 단독주택을 자랑스러

위했던 A씨는 "차라리 강남에 아파트를 사놓을 걸 그랬다"며 쓸쓸해했다.

아파트도 사기 좋은 곳과 살기 좋은 곳이 있다. 물론 투자에도 좋고 살기에도 좋은 곳도 있다. 당연히 가격이 가장 비싼 곳들이다. 이 책을 읽고 있는 독자들 대다수가 아파트에 살고 싶은 것이지 반드시 부촌에 살아야겠다는 건 아니라고 생각한다. 앞에서도 강조했듯, 1인가구의 가장 큰 장점은 아파트 가격의 상당 부분을 차지하는 교육 편의도를 신경 쓰지 않아도 된다는 것이다. 그런 곳이라면 일단 살기 좋은 곳으로 분류할 수 있다. 퇴근하고 집에 들어오기 전 저녁 식사를 해결하고 싶다면 한적하고 맛있는 식당들이 있는 골목과 인접한 아파트가 좋을 것이다. 산책을 좋아한다면 공원과 멀지 않은 곳을 선택하면 될 것이다.

정반대의 경우도 있다. 2020년 출간된《아파트 투자의 정석》이라는 책의 저자는 서울 광진구의 한 빌라에서 살다가 골목에서 흘러들어오는 담배 연기가 싫어서 본격적인 투자에 나섰다고 한다. 이 책의 저자도 처음에는 이 허름한 빌라가 좋았다고 했다. 햇빛이 잘 들었기 때문이다. 하지만 담배 연기는 견딜 수 없었다. 냄새나 채광만이 살기 좋은 아파트로 가는 유일한 동력은 아니다. 층간 소음이 이사를 가는 이유가 되기도 한다. 여의도 한강공원과 맞닿은 아파트 중 경치는 좋지만 여름이면 밤새워 술을 마시는 사람들의 소음과 음식물 쓰레기로 갑자기 늘어나는 쥐와 같은 심각한 문제가 발생하는 곳도 있다. 재건축 연한이 넘은 오래된 아파트들은 투자에는 좋지만, 살기에는 적합하지 못해 전세가율(매매가 대비 전세가 비중)이 30%에 불과한 곳들도 많다.

투자와 생활 둘 다 가져갈 수 없다면 생활하기에 좋은 아파트들을 먼저 추리고, 그중에서 미래가치가 제일 나은 곳으로 선택하는 게 바람직하다. 1인가구가 유리한 지점이 바로 여기다. 현재의 행복을 미래의 상속이나 증여자산으로 바꾸지 않아도 되기 때문이다. 대단지 아파트는 수요가 큰 만큼 가격도 비싸다. 일반적으로 한 동짜리 '나 홀로 아파트'는 사지 말라고들 한다. 투자 측면에서 여러모로 불리하기 때문이다. 하지만 1인가구라면 좋은 위치에 있는 이 '나 홀로 아파트'를 사는 것도 나쁘지 않다. 거듭 말하지만 1인가구의 세대주가 언제 될지 모르는 먼 미래에 돈이 될 거라는 말에 솔깃할 이유가 없기 때문이다. 반대로 투자를 위해서라면 소득이 가장 높은 시기에 다소 무리를 해서라도 집을 구입해 몇 년 동안 실제로 거주한 후, 월세나 반전세를 놓고 그보다는 투자가치가 떨어지는 곳에 사는 것이 나을 수도 있다.

투자와 생활을 분리할 수 있는 게 가장 좋다. 하지만, 아파트 가격이 만만치 않고 정부가 연속해서 내놓는 부동산정책이 모두 다주택자의 경제적 부담을 높이는 데 초점을 두고 있기 때문에 실천에 옮기는 것이 어려울 수 있다. 그렇다고 불가능한 일만도 아니다. 그저 모든 것을 만족시키는 아파트를 찾는 것이 모든 것이 만족스러운 삶을 사는 것만큼이나 어려운 일이라는 것을 기억해야 할 뿐이다. 결국 누구라도 어느 하나 정도는 포기할 수 있어야 한다는 것은 잊지 말았으면 한다.

아파트에서 살고자 할 때와 아파트를 구입하고자 할 때 우리가 고려해야 하는 비슷한 사항들이 있다. 하지만 공통점보다는 차이점이 훨씬 크다. 가장 큰 차이점은 이 아파트를

'누가' 살 것인가이다. 가령 어떤 아파트를 다음에 사줄 사람이 먼저 떠오른다면 그 집은 판매sell를 먼저 고려해 '사는buy' 집이 된다. 반면 아파트에 볕이 잘 들어오는지 궁금하고, 화분 놓을 자리가 먼저 생각난다면, 강아지나 고양이들과 어울려 주말을 즐길 수 있겠다는 생각에 들뜬다면 '사는live' 집이 된다. 물론 현실은 이보다 훨씬 더 복잡하다. 자신이 가진 자산 중에서 가장 값비싼 것이 집이기 때문에 잘 팔릴 수 있는지 여부가 무척 중요하다. 그럼에도 아주 약간의 차이, 우선순위의 차이처럼 보일 수 있는 바로 이런 작은 차이가 '사는buy' 집이 될지 '사는live' 집이 될지를 결정한다. 이에 따라 어떤 아파트를 선택할지도 결정된다.

아파트를 살buy 때와
아파트를 팔sell 때

• ──── 우리나라에서 집값이 '싸다, 비싸다' '오른다, 내린다'라고 표현할 때 지칭하는 것은 단연 아파트다. 단독주택이나 빌라, 다세대 다가구 등은 표준화된 시세의 범위가 상당히 넓기 때문에 그렇다. 아파트 가격에 대해서 이야기하는 사람들이 너무나 많다. 이야기하는 사람들이 많은 만큼 당연히 여러 가지 의견으로 갈린다. 더군다나 실제로 어느 한쪽의 예측이 맞아떨어졌을 때 이를 받아들이지 않는 사람들도 많다. 우리나라에서 정권을 공격할 때 가장 손쉬운 것 중 하나가 부동산 가격인 이유도 마찬가지다. 오르면 올라서, 내리면 내려서, 오르지 않으면 오르지 않아서, 내리지 않

으면 내리지 않아서 등등 다양한 경우의 수로 공격이 가능하기 때문이다.

아파트 시장이 온통 투기로 넘치는 시기가 아니라면 아파트 가격이 얼마든 어지간하면 사고 싶고 살 준비가 되었을 때 아파트를 살 수밖에 없다. 그렇다면 부동산시장이 투기로 가득 차 있다는 것을 어떻게 판단할수 있을까? 여러 가지 방법이 있을 수 있을 것이다. 그러나 대부분은 어제 집을 사기로 하고 계약금을 주었는데, 집을 내놓은 사람이 오늘 계약금에 위약금까지 줄 테니 집을 못 팔겠다고 하는 경우다. 위약금과는 비교가 안 될 수준의 가격 상승이 불과 하루, 이틀 사이 혹은 1~2주일 사이에 벌어진다면 잠시 쉬었다 가는 게 좋다.

매매 자금이 준비되었고, 대출도 가능하고, 좋은 매물도 발견했지만 사지 말아야 할 때도 있다. 지금 아파트를 사서 3년~4년 후 팔겠다는 생각을 하는 경우다. 이런 때는 웬만하면 사지 않는 게 좋다. 딱히 세금이 무서워서가 아니다. 3년~4년이면 가격이 충분히 단기적으로 급락할 수 있을 만한 기간이기 때문이다.

우리가 부동산 가격에 대해 이야기할 때, 대체적으로 아파트 가격이 단기간 조정을 받을 수는 있어도 장기적으로 보면 무조건 오른다고들 한다. 돈의 가치는 시간이 흐르면서 하락할 수밖에 없으니 대략적으로 맞는 말이긴 하다. 하지만 2008년 금융위기 이후 이런 공식은 깨졌다. 2000년대 초 정말 엄청나게 올랐던 강남 아파트 일부가 2008년 이후 단기간에 최고점에서 거의 절반이나 폭락했었다. 물론 서서히 회복해서 2020년 현재 역대 최고가를 매일 갈아치우고 있으니 장기적으로는 오르는 게 맞다. 하지만 2006년에 집을 샀는데, 3년이 지난 2009년에 팔 생각이었다면 어마어마한 손해를 봤을 것이다.

그러므로 다음과 같은 기본적인 전제가 받쳐줘야 지금 당장 사라고 말할 수 있다. 먼저 아파트를 최소 5~10년 정도 소유할 수 있는 상황이 되어야 한다. 대출 관련 자격과 요건이 맞아야 한다. 대출금을 갚아나갈 충분한 시간적 여유를 갖추고 있어야 한다. 이런 상황이라면 아파트 가격이 상승을

멈추지 않더라도 일단 사는 것을 고려해야 한다. 아파트에서도 가성비를 따질 수 있다면 좋겠지만 일이 그리 쉽게 풀리는 것은 아니다.

대출을 전혀 받지 않고도 아파트를 사는 것이 과연 가능할까? 그렇지 않다. 대출을 최대한 받아서라도 가능한 한 일찍 사는 것이 좋은 이유다. 예를 들어, 지금 아파트를 사고 싶은데 당장 대출을 받을 수 있는 돈이 1억 원이라면 즉시 받아서 집을 사는 게 낫다. 그 1억 원을 모으는 기간이 3년에서 5년, 때로는 10년까지 걸리는데, 그 사이 그 1억 원의 가치가 그 돈을 모으는 데 걸리는 시간만큼 떨어지기 때문이다. 더군다나 3~5년이 지나서 아파트 가격이 상승기에 접어든다고 하면 (어느 위치냐에 따라서 조금 다를 수는 있지만) 상당한 확률로 아파트 가격이 저축한 돈보다 더 많이 오르게 된다.

여기까지는 일반적인 가구들의 아파트 소비 행태를 설명한 것이다. 1인가구의 아파트 구매는 결이 조금 다르다. 혼자인 우리에게 가장 중요한 건 현재와 약간의 미래다. '약간의 미래'라고 표현한 이유는 4인가구의 미래와 구분 짓기 위해서다. 4인가구에게 미래는 어쩌면 자식은 물론 자식의 자식까지 포함된 100여 년의 미래일 수도 있다. 혼자인 우리의 미래는 지금 30대라면 약 40~50년, 40대라면 그보다도 짧은 기간 동안 혼자만의 생활을 유지할 만큼의 노후자금만 있으면 된다. 그 노후자금에는 자녀의 학자금이나 유학비용이 포함되지 않는다. 손자·손녀 이름으로 블루칩 주식을 넘겨줄 자금도 필요 없다. 온전히 자신만을 위한 돈이다. 자신의 즐거움과 안락한 생활을 위한 돈이다. 그렇다면 가급적 현재의 현금성 자산이나 쉽게 팔 수 있는 자산을 유지하는 것이 맞다. 당장 사더라도 굳이 규제 한도를 꽉꽉 채우고도 모자라서 마이너스 통장에 가족들로부터 차용증 써가며 돈을 빌려서 살 필요가 없다는 얘기다.

2008년 금융위기 이후 집값이 대폭락했고, 그로부터 3년이 지난 2011년에는 부동산 대혼란기가 오기 시작했다. 앞으로 집값은 무조건 폭락할 것이라는 전문가들의 발언도 계속해서 나왔다. 2011년에는 가장 고점에 분양가를 책정했다가 미분양이 난 비 서울지역 아파트 단지들에서 혼란이 가중되었다. 건설회사들은 파산을 피하기 위해 미분양 물량을 할인해서 팔았고, 이에 같은 단지에 입주하게 된 사람들은 건설사 앞에 가서 항의 시위를 하기도 했다. 집값이 떨어진다는 이유 때문이었다.

이들은 왜 이렇게 화가 났을까? 다른 사람이 나보다 더 싼 가격에 같은 아파트를 사는 게 좋을 사람은 없다. 그러나 이 문제가 가장 큰 이유는 아니었다. 문제는 저렇게 싸게 들어온 사람들이 집을 싸게 내놓을 경우, 그보다 비싸게 산 내 아파트 가격이 더 떨어진다는 사실이다. 이들에겐 이 아파트 한 채와 막대한 빚만이 자산의 전부기 때문이다. 2011년에는 '하우스푸어'라는 말이 본격적으로 돌기 시작했다. 집을 가졌지만 빚가림을 하면 남는 것이 별로 없는, 오히려 더 가난해지기도 하는 사람들을 '하우스푸어'라고 불렀다. 그러므로 혼자 사는 1인가구의 아파트 매매는 삶이 들어가 있는 투자여야 한다. 10년 후엔 어차피 오를 가격이다.

1인가구가 지금 당장 아파트를 사야 하는 가장 큰 이유 역시 현재에 충실하는 것이 조금 손해를 보더라도 낫기 때문이다. 지금 당장 사고 싶고 준비도 됐는데 단지 가격이 문제라면? 3~4년을 허비하면서까지 '결국 10년 후엔 오를 아파트 가격'에 좌우될 필요가 없다. 1인가구는 느슨한 네트워크를 통해 이어진 관계의 소중함에 더욱 민감하다. 지역 공동체나 직업 공동체 등에 애정을 많이 쏟는 이유다. 이 느슨한 네트워크가 과거 한국 사회를 좌지우지한 혈연, 지연, 학연 등의 강한 네트워크와 다른 점은 함께하는 시기가 무척 중요하다는 것이다.

제주도로 이주하는 것이 유행이었던 시절이 있었다. 지금도 여전히 이 로망은 유효하지만 여러 가지 실용적인 이유와 집값 상승 등으로 다시 육지로 돌아온 이들이 많다. 그러나 그들에게 제주도에서 비슷한 생각을 가진 동네 이웃들과 쌓았던 추억은 지금도 아름다울 것이 분명하다. 집값의 등락을 기다리는 3~4년의 시간이 이런 느슨한 네트워크가 주는 인생의 만족감보다 소중하진 않을 것이다. 조금 비싸게 산들 결국에는 오르는 게 아파트다.

시간은 우리의 편이다. 그러므로 지금 끌어올 수 있는 돈의 전부를 집에 밀어 넣지도 말고, 시간을 죽이지도 말자. 아파트 가격이 비싼 만큼 대출을 받을 수밖에는 없지만, 어느 날 수입이 전혀 없어져도 아파트를 정상적인 가격에 팔 수 있는 기간만큼은 버틸 수 있고, 지금 내게 중요한 것을 할 수 있는 경제적인 자유를 저당잡히지 않는 조건을 갖췄다면 바로 그때가 아파트를 살 때다. 이것이 혼자 사는 1인가구 아파트 구매의 첫 번째 기준이다. 그 한도 내에서는 당장 아파트를 사도 무방하다.

누구나 신축 강남 아파트에
살려고 하는 건 아니다

•——— 웬만한 사람들은 '초품아(초등학교를 품은 아파트)'가 무슨 뜻인지 잘 알고 있다. '마용성(마포구·용산구·성동구)'의 가격 상승 또한 잘 알고 있다. 무엇보다 한강이 보이는 강남 신축 아파트의 가격을 아주 잘 알 수밖에 없는 시대다. 가장 비싼 아파트 가격을 알고 싶지 않아도, 정말 알고 싶지 않은데도 불구하고 이와 관련된 기사가 포털사이트 뉴스 섹션의 상위권을 차지한다. 언론의 속성이 그렇다. 그런 언론사가 한두 곳 있는 것도 아니다. 거의 모든 언론사가 이런 기사를 쓰고 있다.

언론 노출이 잦은 만큼 당연히 전국 어디에서든, 어느 누구든 이 기사를 볼 수밖에 없게 된다. 반포 한강변의 아크로리버파크 몇 평짜리가 드디어 한 채에 얼마에 팔렸다는 기사를 계약이 공개될 때마다 매번 봐야 하는 건 굉장히 유해한 일이다. 이런 언론사들이 정부의 부동산정책을 제아무리 객관적으로 비판했다고 해도 믿음이 가지 않는다. 정부의 부동산정책이 제아무리 나쁘다고 해도 강남, 아니 서울, 아니 전국에서 가장 비싸고, 뉴욕 맨해튼의 고급 아파트보다도 더 비싼 가격에 계약이 체결될 때마다 공표되는 것보다 나쁘진 않다고 생각한다. 무주택자들에게서 희망을 빼앗고 비서울권 1주택자들에게 체념과 분노만 일으키기 때문이다.

이런 희망과 체념과 분노의 메커니즘은 최저임금을 받는 노동자가 아파트를 사는 데 드는 시간으로 풀이해보면 조금 더 이해하기 쉽다.

최저임금 전액을 한 푼도 쓰지 않는다고 가정하고 서울 아파트를 구매하는 데 걸리는 기간을 분석하면 이명박 정부 초기에는 51년이 걸렸지만, 임기 말에는 38년으로 줄었다. 박근혜 정부는 임기 초 38년에서 임기 말 37년으로 소폭 감소했다. 이전 정부에서 최저임금 인상액이 낮았음에도 불구하고 집값이 비교적 안정된 상태라 내 집 마련 기간이 줄어든 것이다. 반면 문재인 정부는 역대 정부 중 가장 큰 폭으로 최저임금을 올렸지만, 아파트를 장만하는 데 걸리는 기간은 임기 초 37년에서 현재 43년으로 늘었다.

소득별 양극화 역시 심화하고 있다. 소득 5분위 중 가장 소득이 낮은 1분위가 서울 아파트 구매에 걸린 시간은 이명박 정부 임기 초 48년이었으나 임기 말에는 13년 감소한 35년이다. 박근혜 정부 임기 초에는 35년이 걸렸으나 임기 말에는 6년이 더 늘었다. 문재인 정부는 임기 초 41년이었으나 31년이 늘어 72년이나 걸리는 것으로 나타났다. 가장 소득이 높은 5분위가 지난해 말 기준 서울 아파트를 구매할 수 있는 기간은 약 10년으로 문재인 정부 초보다 2년 정도 늘어나는 데 그쳤다.

김성달 경실련 부동산건설개혁본부 국장은 "가장 못사는 소득 1분위와 가장 부유한 소득 5분위가 서울 아파트를 구매하는 데 걸리는 시간 차이는 이명박 정부 임기 말 29년이었다"며 "하지만 이번 정부 3년차에서는 62년으로 2배 이상 늘었다"고 분석했다.[*]

최저임금을 받는 이들이 서울 시내에 있는 평균적인 아파트를 사는 데 72년이 걸린다. 2019년 최저임금은 2018년보다 10% 늘어난 시간당 8,350원이었다. 이를 월급으로 환산하면 174만 5,150원이다. 그렇다면 최저임금을 적용받을 걸로 추정되는 노동자의 수는 얼마나 될까? 전체 임금노동자의 수가 약 2천만 명이다. 전체 노동자 4명 중 1명인 500만 명 이상이 최저임금을 받는다고 한다. 만약 최저임금을 역대 가장 큰 폭으로 올리지 않았다면, 지금 서울 시내에 위치한 평균적인 아파트를 사는 데 100년 가까이 걸릴 수도 있었다는 뜻이다. 보통 아파트 가격을 이야기할 때는 평균치보다 중위값이라는 말을 쓴다. 중위값이란 주택 매매가격을 순서대로 나열했을 때 중간에 있는 가격이다. 매우 비싼 고급주택의 가격과 너무나도 싼 아파트 가격의 격차로 평균값이 왜곡될 수 있기 때문에 사용한다.

이 중위값을 본다면 바로 책을 덮는 독자가 나올 수도 있

---

* 〈뉴스1〉, 2020년 6월 23일 자, '서울 아파트 중위값 3억 넘게 상승…당정 다주택자, 다 팔았나'

다. 그만큼 서울 시내 아파트 가격이 비싸다는 뜻이다. 2020년 6월 15일 기준 서울 아파트의 중위 매매가격은 9억 2,582만 원이다. 2008년 이 통계를 발표한 이후 사상 최고치다. 서울 강남에 위치한 아파트 중위 매매가격은 11억 6,345만원이다.[**] 쉽게 말해 2020년 6월 거래된 서울 아파트 절반 이상의 가격이 9억 원을 넘었다는 뜻이다.

강남과 강북의 아파트 가격 차이를 비교해보자. 어쩌면 희망이 생길지도 모른다. 강남에서 평범한 아파트가 11억 원이라면, 강북에서는 6억 원을 넘는 수준이다. 과연 우리에게 11억 원, 그리고 신축이라면 아마도 20억 원을 넘길 만한 수준의 부는 무엇일까? 나에게는 없는 11억 원이 내 옆집에 사는 사람에게는 별것 아닌 돈일까? 2018년 통계청 자료에 따르면 우리나라 전국 가구들의 평균 자산은 4억 원이 조금 넘는다. 그런데 평균적으로 7,500만 원의 빚을 지고 있다. 빚을 뺀 순자산은 3억 원대 초반이다. 더군다나 가구 평균이란 말은 1인당이란 말과는 한참 차이가 있다. 1인가구, 2인가구, 3

[**] KB국민은행 리브온, 2020년 6월 30일

인가구, 4인가구, 5인가구 등등 각각의 가구들의 순자산을 말하는 것이다. 만약 4인가구라고 한다면 우리 국민들의 평균 자산은 1억 원의 절반도 안 된다. 11억 원, 20억 원 하는 강남의 구축 또는 신축 아파트 가격은 이제 논외로 치고 있다. 일반인들은 언감생심 꿈도 꾸기 어려운 일이기 때문이다. 상속 또는 증여를 받거나 로또와 같은 기적적인 일이 벌어지지 않는다면 평범한 임금노동자가 평생 살 수도 가질 수도 없는 것이 강남 아파트다.

《이솝 우화》에 배고픈 여우와 포도나무 일화가 나온다. 여우가 포도송이를 따먹으려고 온갖 시도를 다해보다 실패하자 이렇게 말한다. "어차피 저 포도는 내가 못 먹을 만큼 엄청나게 신 포도일 거야." 강남의 신축 초품아 아파트에 굳이 살고 싶어 하지 않는 사람들도 많다. 그러니 현실적으로 강남의 신축 아파트를 그냥 '신포도'라고 생각하자. 어차피 불가능한 일일뿐더러 속도 편해지는 길이다.

Chapter 4

숨겨진 정책
파먹기

부동산정책의 행간에서
읽을 수 있는 팁

• ——— 이 책을 읽는 독자라면 그 어느 때보다도 최근 들어 부동산에, 특히 아파트에 관심을 갖게 되었을 것이라고 생각한다. 적어도 10년 전에 더 나아가 20년 전에는 아파트에 별로 관심을 갖지 않았을 것이다. 그렇기 때문에 부동산정책이라고 하면 대부분 '규제, 억제, 금지'라는 단어가 연상될 것이다. 하지만 부동산정책의 또 다른 쪽에는 '확장, 완화, 허용'과 같은 단어들이 있다.

부동산정책이란 것이 도대체 무엇일까? 누군가의 부동산 가격이 오른 만큼 우리나라 사회와 경제의 외연이 확장되는 것일까? 결론부터 말하자면 아니다. 개별 부동산 가격의 상승은 소유자의 자산이 많아진다는 뜻이지 무조건 국가 경제가 발전한다는 의미는 아니다. 물론 부동산이 항상 부채와 같은 금융, 돈이 풀리는 속도 등과 관련이 있기 때문에 전혀 관계가 없다고는 할 수 없지만 말이다.

대한민국은 여전히 '부동산공화국'이다. 과거에도 그랬고, 지금도 그렇다. 심지어 2008년 세계 금융 위기 이후 6~7년 동안 아파트 가격이 곤두박질치고 바닥에서 올라오지 못했을 당시에도 그랬다. 아무리 구축 아파트의 가격 상승이 새로운 이익을 창출하지 못한다고 해도 실제 우리나라 일반 가구의 자산 대부분은 부동산이다. 2008년 가격 폭락 시기에도 가구 자산의 90% 가까이가 부동산이었다.

우리나라 전체 자산 역시 마찬가지였다. 당시 국부의 70% 이상이 토지와 건물, 즉 부동산이었다. 1997~2007년 아파트 가격의 급등 시기에는 모든 부가 서울 아파트로 쏠렸다. 전국 실질주택가격 상승률이 이 10년간 7%대에 불과했다. 하지만 대부분의 지방에서 주택 가격이 내렸음에도 서울은 무려 39%, 그중에서도 강남은 77%의 상승률을 보였다. 대부분이 아파트 가격이다.

나 역시 이 당시를 잘 기억하고 있다. 이른바 IMF 세대에 속하기도 했고, 실제 저 기간 중에 청담동 한강변에 30평대 아파트를 보유하고 있었기 때문이다. 당시에도 재건축을 노리고 있었던 압구정동 현대아파트의 가격대와 비슷했던 나의 첫 아파트는 아쉽게도 가격이 2~3배 오르기 직전 '매입한 가격 그대로' 팔아야 했다. 솔직히 지금도 청담동을 지나갈 때마다 아쉬운 마음이 들곤 한다. 이렇게 개인적인 이야기를 하는 이유는 우리나라의 부동산정책이 너무나 복잡하다는 사실을 설명하기 위해서다. 부동산정책이 부동산 가격을 좌우하지 못했기 때문이다. 부동산 보유자, 예비 매수·매도자, 관련 산업 종사자, 조합원 등등 사람들의 마음만 들쑤셔놨기 때문이다.

결국 부동산정책은 정치권의 표 다툼과 밀접한 관련이 있다. 자녀들의 학군이 중요한 요소인 3~4인가구, 금붙이 사모으듯 추후 대출을 받아야 하는 가구, 증여나 상속을 받아야 하는 가구, 필사적으로 더 오를 아파트를 찾아야 하는 가구들에게나 중요한 일이다. 1인가구 역시 부동산이 자산의 상당 부분을 차지하는 만큼 오르면 좋겠지만, 애초에 그다지 오르지 않을 법한 아파트를 '싸게' 구입해 이것저것 신경 쓰지 않고 편하게 사는 것이 훨씬 안락한 삶일 수도 있다. 부동산을 자산이나 투자의 개념으로만 이해하는 1인가구가 있다면, 이 책을 읽기보다는 부동산카페에 가입해 임장을 다닐 것을 추천하고 싶다.

최근 내가 살고 있는 마포구의 아파트도 가격이 상당히 많이 올랐다. 구축 기준으로 5년 전 대비 평균 3배 가까이 올랐다. 오히려 신축은 이보다 덜 오른 것으로 보인다. 동네 부동산 앞만 지나가도 미분양, 조합원용 신축 아파트를 분양가보다 싼 가격에 사라는 광고가 즐비하던 게 불과 5년 전이다. 이명박 정부 내내 여러 가지 혜택을 약속하면서 수도권에 위치한 주택들의 가격을 올려보려 애썼지만 실패했다. 주식도 아파트도 가격이 쌀 때는 사람들이 사지 않는 법이다. 가격이 올라야 서로 기회를 놓치는 것이 무서워 배팅을 시작하기 때문이다.

2014년 박근혜 정부는 금융과 가격 규제를 모조리 풀어서 지금 집을 사라고 했다. 기준금리도 계속해서 내렸다. 부동산 거래, 개발, 금융 규제를 모조리 해체하자 가격이 올라가기 시작했다. 문제는 너무 올라갔다는 점이다. 현재 문재인 정부의 부동산정책은 결과적으로 가격 상승폭을 잡겠다는 목표를 충족하는 데는 실패했다. 하지만, 언론들이 지적하는 것처럼 부동산 정책을 마구잡이로 들인 것은 아니다. 그 이전 정부들에서 무장 해제된 부분을 더 강화한 정도라고 할 수 있다.

이처럼 부동산정책은 언제나 한발 느리기 마련이다. 너무 내리면 올리려 하고, 너무 오르면 내리려 한다. 그렇기 때문에 어느 정부에서든 <u>아무리 새로운 부동산정책이 발표되더라도 현재 자신의 아파트 구입 계획에 영향을 주는 부분만 체크하기를 권한다.</u> 특히 앞으로 가격이 오를지 내릴지에 크게 신경을 쓰지 않는 편이 좋다. 부동산으로만 돈을 벌겠다면 할 수 없지만, 단지 내 아파트에서 편히 살고 싶은 마음이라면 정책은 그저 참고 사항일 뿐이다. 실제로 온갖 정책이 여러 정권을 거쳐 시행됐지만, 부동산 가격 사이클은 언제나

10년 정도를 기준으로 반복되어왔다. 시간이 흐르면서 돈의 가치가 떨어지는 만큼 실물자산인 아파트의 가격은 올랐다.

2020년 7월 2일, 1인가구가 직접적으로 활용할 수 있는 부동산정책 하나가 나왔다. 이 정도를 가지고 '나왔다'는 표현을 써야 해야 할지 의문이긴 하지만 일단 소개해보겠다. 집값을 잡기 위해서 세제를 강화한 정책이다. 취득세를 2주택자에게는 8%, 3주택 이상이나 법인에게는 12% 부과하기로 했다. 반면 생애 최초로 주택을 구매하는 신혼부부에게 부여했던 취득세 감면 특례를 연령과 혼인 여부와 관계없이 생애 처음으로 주택을 구매하는 모든 세대에게로 확대했다. 다시 말해 생애 최초로 1억 5천만 원 이하 주택 구매 시 취득세를 전액 면제하고, 1억 5천만 원~3억 원(수도권은 4억 원) 주택 구매 시에는 취득세의 50%를 감면해주기로 한 것이다. 단, 세대합산 소득이 7천만 원 이하여야 한다. 문제는 이 정도 금액의 아파트를 찾기가 쉽지 않다는 것이다. 과거에 단 한 번이라도 빌라든 다가구든 주택을 보유했었다면 의미가 없다.

다만, 이런 방향의 정책들에서 힌트를 얻어 아파트 구입

타이밍을 잡을 수는 있다. 그런 면에서 1인가구에게 부동산 정책은 공부의 대상이 되기에 충분하다. 몇 차례 언급했던 것처럼 정책의 효과는 느리다. 그렇지만 그 방향은 확고하다. 2014년부터 시작된 부동산 가격 폭등은, 금융위기의 여파로 2010년 이후 내려간 집값을 올리려던 여러 가지 정책과 저금리 유지가 뒤늦게 발휘된 결과로 봐야 한다.

2020년 8월 현재 대한민국을 또다시 '부동산공화국'으로 만든 가격 폭등은 2015년~2016년 아파트 가격 상승에 단호하게 대응하지 못한 결과로 봐야 한다. 부동산 규제책은 다주택자에서 청약제도로, 대출억제책에서 1주택자에게도 해당하는 보유세 등을 포함한 세제로 이동했다. 그리고 마지막으로 〈임대차보호법〉을 개정해 임대인들이 과거 누렸던 혜택을 없애는 방향으로 이동하고 있다. 결과적으로는 사금융처럼 다주택자를 양산했던 전세제도를 장기적으로 없애는 방향으로 나가고 있는 것이다. 이는 이미 2010년 이후 여러 정권들에서도 심심찮게 주장해오던 일이다.

이 방향의 끝이 어디일까를 생각해보면 큰 도움이 될 것이다. 우리는 이 정책을 주택과 토지가 투자의 대상이 되지 않도록 주변 정비를 한 것으로 이해해야 한다. 물론 모든 정책이 다 장기적으로 효과가 있는 것은 아니다. 그러나 적어도 행간을 읽는 노력은 필요하다. 바로 내가 살기에 좋은 아파트를 무리하지 않는 선에서 사되, 투자로서 접근하지 말고 주거비를 완화하겠다는 정도로 생각하라는 메시지다. 물론 모든 결정은 각자의 몫이다.

1인가구가 알아두면 좋은
세금정책

•——— 평균적인 자산과 소득을 가진 1인가구라면 사실 부동산 관련 세금 정책에 대해 별로 신경 쓸 것이 없다. 특히 이제 막 아파트를 사고자 하는 1인가구가 알아야 할 세금은 몇 개 되지 않는다. 다행이라고 할 수 있다. 그런데 마찬가지로 절세법 역시 결혼하지 않은 1인가구에게 제시할 만한 것이 특별히 없다. 불행이라고 할 수 있겠다. 그저 알아두면 언제가 도움이 될 수 있는, 알아두어서 나쁠 것 없는 몇 가지 팁만 존재할 뿐이다. 이 정도 세금을 아낀다고 해서 대단한 이득을 보는 것도 아니다.

세금은 보통 아파트를 살 때 내는 취득세, 아파트에 살면서 내야 하는 보유세, 아파트를 팔 때 낼 수도 있고 안 낼 수도 있는 양도세로 나뉜다. 문제는 이 3가지 세금을 줄일 수 있는 방법을 대단한 비밀인 것처럼 소개하는 경우가 많다는 것이다. 하지만 그런 방법으로는 1인가구가 아파트 한 채를 사서 보유하다 훗날 팔 때 얻을 수 있는 효과가 그다지 크지 않다. 우리나라 부동산 절세법의 핵심이 부부 공동명의와 같은 결혼한 이들을 위한 것들이기 때문이다. 물론 종합부동산세를 낼 만큼의 아파트를 사는 경우가 (특히) 1인가구에게는 드문 일이기 때문이기도 하다.

다만, 양도세의 경우는 조금 다른 부분이 있다. 우리나라에서 양도소득세는 가격이 오른 부분에 한해서 보유했던 기간만큼을 고려해 일정 부분에 부여되는 세금을 의미한다. 2년 이상 보유해야 기본 세율을 적용받는다는 사실을 반드시 기억해야 한다. 2년 이상 보유하지 않고 그 이전에 집을 팔 경우, 오른 만큼의 차익에 부과되는 세율이 엄청 높다는 사실을 잊지 말아야 한다. 양도세를 조금 덜 내고 싶다면 필요경비에 해당하는 지출이 있었을 때 영수증을 보관한 후 이를 반영시

키면 된다. 아파트에 입주하면서 상하수도를 손보는 일은 거의 없을 테니 섀시, 발코니 확장 정도가 필요경비로 인정되는 범위일 것이다. 물론 작은 금액이라도 아끼면 좋지만, 전체 차익이나 양도세의 규모를 생각해볼 때 이런 부분이 있다는 정도만 알고 있으면 될 것이다.

2020년 7월, 정부가 22번째 부동산정책을 발표했다. 다주택자의 취득세, 양도소득세, 종합부동산세와 같은 보유세를 상당히 높인 정책이다. 다시 말하지만 1인가구의 세대주가 부동산 임대를 업으로 하지 않는 한 그냥 이런 것이 있구나 하는 정도로 알면 된다. 시사상식 정도로 알고 있으면 된다는 얘기다. 서울처럼 전 지역이 특별 관리되는 경우 실주거 2년 등의 요건을 갖추는 것도 중요하다. 한마디로 서울 성수동에 아파트를 사놓고 성남시 분당구 판교에 있는 아파트에 전세를 들어갈 때도 성수동 아파트에 실제로 거주해야 한다는 뜻이다. 과거에는 사서 일정 기간 보유만 해놓아도 세금과 관련해서 특별히 신경 쓸 게 없었지만 이제 상황이 달라졌다.

언론에서 초고가 부동산에 부여하는 종합부동산세에 관련된 기사가 쏟아져 나오고 있다. 물론 일부는 그런 아파트에 살 수도 있겠지만, 1인가구에게는 추천하고 싶지 않을 뿐더러 추천할 수도 없다. 정말 좋은 초고가 아파트에서 살아보고 싶다면 차라리 전·월세를 추천한다. 지금처럼 대출 규제가 심한 상태에서 현금을 주고 초고가 아파트를 살 수 있을 정도라면 당연히 이 책을 볼 필요가 없을 것이다. 언론에서 종합부동산세를 마치 시장에 반하는 정책이라는 뉘앙스로 보도하는 경우가 많다. 재산세처럼 보유세를 내고 있는데도 고가 부동산이라는 이유만으로 중복해서 내는 반anti시장적 세제라고 하는 경우도 많다. 하지만 실제로는 그렇지 않다.

현재의 부동산정책에 특별히 찬성하는 것도 반대하는 것도 아니지만, 자본주의 시장경제의 알파요 오메가인 미국 뉴욕의 부동산 시장에도 종부세와 같은 세금이 있다는 이야기는 하고 싶다. 200~300만 달러 이상의 뉴욕 아파트를 살 경우 별도로 고가주택에만 부여하는 세금이 부과된다. 우리나라처럼 재건축이 많지 않은 뉴욕에는 아파트 월세만큼 관리비가 나가는 곳이 특히 많다. 양도소득세 역시 당연히 있다.

다만, 양도 차익보다 더 비싼 다른 부동산을 사면 이를 지금 당장 안 내고 나중에 낼 수는 있다. 그러나 언젠가 모든 부동산을 처분하지 않았더라도 더 싼 부동산을 살 경우 그 즉시 양도소득세를 내야 한다.

보통 재테크에서 가장 중요한 요소로 절세를 꼽는다. 틀린 말은 아니다. 그러나 그만큼 재테크 수익률이라는 게 보잘것없다는 말이기도 하다. 경제학에서는 시장에 '보이지 않는 손'이 있기 때문에 모든 것을 시장에 맡겨두기만 하면 된다고 말한다. 고상하게 이를 '경제학에 맞서지 말라'는 말로 충고하기도 한다. 전부 다 필요 없는 얘기다. '보이지 않는 손'이라는 건 모든 경제 주체들이 아주 효율적으로 자신들이 추구하는 바를 위해서 나아간다는 전제가 깔렸을 때 유효한 개념이다. 그렇게 효율적으로만 행동하는 경제 주체는 실험실에나 존재한다. 더군다나 모차르트보다 30세나 더 많았던 애덤 스미스다. 이제 그만 그를 놓아주자. 세금? 간단하다. 내야 할 건 내고, 아낄 수 있는 게 있으면 아끼는 것 정도로만 이해하면 된다.

1인가구에겐 너무나 먼
청약정책

• ——— 청약은 사실 가점제로 할 경우 우리와 같은 1인가구와는 상관없는 제도로 보는 것이 낫다. 특히 직장인들이 많이 몰려 있는 서울을 기준으로 한다면 지금 시점에서 그냥 청약이 없다고 생각하는 게 사실 정신건강에 좋을 것이라 생각한다. 청약제도는 특별공급분을 제외한 대부분의 일반공급분이 가구주에게 얼마나 많은 가족이 딸려 있는지에 따라서 점수를 매긴다. 그렇기 때문에 1인가구와는 상관없는 것이라고 이해하는 것이 낫다고 말하는 것이다. 어떻게어떻게 해서 청약에 당첨이 되더라도 분양권이나 입주권을 팔거나 살 수 있는 것도 아니니 말이다. 설령 분양권을 손에 넣었다

해도 분양권 자체가 주택으로 취급받기 때문에 별다른 이득도 없다. 무주택기간이 아무리 길었어도 쌍둥이 한 번 낳으면 점수가 역전되는 게 청약제도다. 1인가구와는 너무나 먼 얘기가 아닐 수 없다.

그렇다고 청약제도를 너무 미워하지는 않았으면 좋겠다. 3~4인가구가 오랜 기간 동안 무주택으로 살다가 충분히 돈을 모아서 10~20년 만에 분양 한 번 받는 것이 그리 대단한 특혜는 아니기 때문이다. 가끔씩 20억 원, 40억 원짜리 분양가의 아파트를 사실상 현금 주고 사는 경우, 현금부자들이 '분양권을 주워 간다'고들 한다. 하지만 솔직히 그런 사람들이 그렇게 많은 것도 아니다. 일단 평균적인 1인가구라면 그런 현금을 보유하기 쉽지 않을뿐더러 그렇게 많은 돈을 가지고 있다고 해서 대단히 좋을 것도 없기 때문이다. 다시 말하지만, 1인가구는 현재 자신을 가장 행복하게 하는 데 돈을 많이 써두는 것이 좋다. 여기에 노후자금 조금(4인가구에 비해서 적다는 것)이 필요할 뿐이다.

다만, 사회의 구성원으로서 아파트가 완공되기 3~4년 전부터 돈을 넣어가야 하는 이 청약제도가, 분양을 받고 나면 갑자기 가격이 2배가 되기도 하는 이 청약제도가 과연 필요한지에 대해서는 생각해볼 수는 있을 것이다. 과연 누구 좋으라고 만들어낸 제도일까? 이러니 청약 당첨을 두고 흔히 '로또분양'이라고 부른다. 그러나 경기가 하락할 뿐만 아니라 부동산 사이클 역시 확연하게 하락세로 접어들어 시간이 지나면, 분양가보다도 못한 시세를 가진 아파트가 속속 등장할 것이다. 대단한 예언이 아니다. 늘 그래왔기 때문이다. 분양가상한제가 오히려 고마워질 수도 있다. 안타까운 일이지만 분양받는 사람은 부동산 사이클에 따라서 수혜자가 되기도 하고 그 반대가 되기도 한다.

사실 청약제도의 가장 큰 수혜자는 시행사가 아닐까 생각한다. 아파트를 짓기도 전에 돈을 절반씩이나 받아 가고, 심지어 고가 아파트가 아니면 중도금이 자동으로 대출된다. 그러니 중간에 자금문제도 없다. 게다가 시세대로 거래되지도 않을뿐더러 몇 백 대 1의 경쟁률까지 있어 돈을 들고 있는 사람들이 아파트를 사지 않게 만들기도 한다. 조금 '순수하게' 바라보면 오히려 청약제도가 시장의 파괴자는 아닐까?

무엇보다 사회적으로 발생하는 개발이익을 과연 누구에게 몰아주는 게 좋은지에 대한 논쟁이 계속되어왔다. 아주 오랫동안 우리 사회에서 결론을 내지 못하고 있는 이슈 중 하나다. 분양가를 건설사가 자율적으로 정하지 못하게 하는 분양가상한제 문제가 대표적이다. 분양가상한제는 1998년 폐지되었다가 2007년 다시 시행되었다. 이어 또 다시 폐지되었다가 2020년부터 다시 시행되었다. KDI^{한국개발연구원}는 주택담보대출에서 시작된 세계적인 금융위기가 한창이던 2008년 부동산 관련 논문에서 청약제도와 분양가상한제에 대해 다음과 같이 언급했다. 마지막 구절에 "연구자들을 곤혹스럽게 한다"는 문장이 우리의 부동산정책을 한마디로 표현하는 것 같아 마음이 쓰리다.

주택분양가격규제제도는 1977년 이래 규제와 자율화를 오가며 존속했다. 1970년대 말에 규제되었던 민간 아파트의 분양가가 1981년 자율화되자 이른바 '한신공영 충격'이 나타났다. 당시 한신공영은 대형평형 아파트의 분양가를 이전의 분양가 상한보다 22%나 올린 평당 138만 원으로 정해서 억대 아파트를 처음 내놓았다. 이에 대해 언론은 다음과 같이 논평했다.

"자율화가 된 이상 어느 특정 아파트가 얼마나 크고 얼마나 비싼들 시비를 걸 소지는 없어졌다. 그러나 70년대 후반 아파트 투기붐이라는 쓰라린 경험을 갖고 있는 우리는 이 1억 원짜리 아파트에서 '솥뚜껑'을 보는 놀라움을 갖는다. 1억 원짜리가 동반할지도 모르는 집값 앙등과 이로 인한 파급효과 때문이다."

2005년부터 분양가 상한제가 재도입된 데는 1981년과 정확히 같은 논리와 정서가 작용했다. 1983년부터 15년 동안 분양가 규제를 시행한 경험에도 불구하고 이제 다시 25년 전의 논리가 그대로 통용되는 것은 이 분야 연구자들을 곤혹스럽게 한다.*

---

* 김재형(편), 〈KDI 부동산정책의 종합적 검토와 발전방향 모색〉, 2008년

1인가구에겐 너무나
가혹한 탈서울

• ─── '탈서울' 현상은 분명 존재한다. 서울 강북구에 살던 A씨네 4인가족은 수유역 인근 30평대 구축 아파트를 사려다가 그냥 가족들이 뿔뿔이 흩어지는 것을 택했다. 오래된 이 구축 아파트의 가격이 6억 원에 달했기 때문이다. A씨 부부가 택한 안성의 아파트는 30평대 매매가가 1억 6천만 원이었다. 용인과 서울 강북구의 직장을 오가야 하는 이들 부부에게는 다소 고단한 출퇴근 시간이었지만, 이를 감수하는 대가로 무려 4억 4천만 원을 아낄 수 있었다. 서울에 남은 자녀들은 10평대의 오래된 빌라에 2억 원짜리 전세로 들어갔다. 1인가구는 보통 서울을 포기하는 대가를 문화적인 문제

와 같은 막연한 개념으로 생각하는 경향이 있다. 하지만 A씨의 사례를 통해 탈서울 혜택이 어느 정도의 화폐가치로 주어지는지 정확하게 알 수 있다.

지난해 연령대별 서울 순이동 자료를 보면 30대가 가장 많이 탈출(-4만 2,521명)했고, 40대와 50대도 각각 2만 6,459명, 2만 4,311명씩 서울을 빠져나가는 등 20대를 제외한 모든 연령대에서 순유출(전입보다 전출이 많음)이 발생했다. 전체 순유출 인구 가운데 비중으로 따져도 30대가 거의 3분의 1(28%)에 이를 정도로 많았다. 2010년부터 연령대별 인구 추이를 살펴보면 서울의 30대 인구는 2010년 174만 1,230명에서 2018년 154만 2,820명으로 거의 20만 명이 감소했다.

(중략)

월스트리트저널WSJ에 따르면 뉴욕은 작년 25~39세 인구가 3만 8천 명 감소했다. 미국의 주요 대도시도 밀레니얼 인구가 큰 폭으로 주는 추세다. 캐나다 토론토에서도 2012~2017년 밀레니얼(20~34세)이 2만 명 넘게 빠져나가는 등 인구 유출이 많다는 보도가 이어진다. 전 세계적으로 워라밸과 삶의 여유를 중요한 가치로 삼는 밀레니얼들이 복잡한 대도시를 떠난다는 해석이다.*

이를 통해 자산을 충분히 불리지 못한 30대들의 탈서울 현상이 비단 우리나라만의 문제는 아니라는 것을 알 수 있다. 이와 같은 탈서울 현상은 아파트라는 가장 큰 자산 덩어리의 가치에 영향을 줄 수 있다. 1인가구 대부분의 가장 큰 관심사 중 하나가 워라밸이다. 더불어 기존 부동산시장에서 좋은 아파트의 조건으로 꼽히는 평지에 있는 대단지 아파트와 함께 최근 들어 초품아(초등학교를 품은 단지), 직주근접(직장과 주거지의 거리), 역세권 및 숲세권(지하철역 또는 공원과 근접한 아파트) 등 서울을 벗어나면 맞추기 힘든 조건들도 많다. 우리나라에 이런 조건을 만족하는 대도시가 과연 얼마나 있을지 의문이다.

이처럼 비혼 또는 미혼 밀레니얼과 그 이후 세대가 가장 신경 쓰는 워라밸과 탈서울에는 공통점이 많지 않다. 그렇기 때문에 밀레니얼들이 지금까지 버텨냈으며 그러다 빚을 끌어모아서 집을 가장 많이 사는 세대가 되었다. 그렇긴 해도 여전히 그렇게 할 수 있는 밀레니얼의 수는 적다. 그래서 아

---

* 〈조선일보〉, 2019년 10월 14일 자, '물가·집값에 떠밀려… 30대 20만 명 탈서울'

파트 가격이 고공행진을 유지하는 기간이 길어질수록 이탈자가 크게 늘어날 확률도 높다. 즉 서울과 같은 대도시들의 잠재적 구매자들이 그만큼 빠져나가게 된다는 의미다.

매수자가 없는 부동산시장은 매수자 우위의 시장이다. 팔려는 사람들의 호가보다는 사려는 사람이 얼마에 사려는지가 중요하게 된다. 우리는 이를 부동산시장 가격 하락의 시기로 정의한다. 남들이 사지 않으면 누구도 사지 않는 것 또한 시장의 속성이다. 부동산시장 사이클을 보면 항상 가격이 하락하기 직전에 거품이 끼는 것을 알 수 있다. 거품은 바로 가격 하락으로 이어지기 때문에 마지막 가격 상승이 가장 매섭다. 동트기 전 새벽이 가장 어두운 것과 같다. 다만 거품이 터질지(하드랜딩이라고 한다) 아니면 꺼지는 수준일지(소프트랜딩이라고 표현한다)에 따라 나라 경제가 좌우된다. 당연히 갑작스러운 자산 가치의 하락은 누구에게도 좋지 않다. 경제가 망가진다는 의미기 때문이다.

집을 살 때 이와 같은 자산 거품이 사람들의 선택에 큰 영향을 끼친다. 하지만 유일한 선택지가 되어서는 곤란하다.

현실 경제에서는 가격 상승기나 하락기 모두 가랑비에 옷 젖 듯 상당한 시간에 걸쳐 슬그머니 오기 때문이다. 흔히들 '무릎에 사서 어깨에서 팔라'고 말한다. 발바닥까지 내려가길 기다리지 말라는 뜻이다. 또 머리 꼭대기까지 올라가길 기다리다가는 낭패를 볼 수 있다는 말이다. 아파트가 사고 싶다면 필요한 시기에 사되 가급적 마지막 거품의 시기는 피하는 게 좋다. 그 마지막 시기를 정확히 파악하기는 힘들다. 하지만 거래 가격은 계속 올라가는데 거래 건수는 이전보다 확연히 줄어든다면, 그런 시기일 가능성이 높다.

거품이란 말은 주로 주식시장에서 세세하게 연구되는 주제 중 하나다. 상당히 많은 수의 전문가이자 시장 참가자들이 거품은 존재할 수 없다고 주장해왔다. 그렇게 주장하는 사람들은 하락기에도 상승기에도 항상 존재한다. 상식적으로도 역사적으로도 실제로도 사실과는 거리가 있는 주장이다. 경제학자들은 주식 가격 거품론에 금융시장의 의사결정이 너무나도 합리적으로 이루어진다는 효율시장 가설을 대입해왔다. 이는 앞서 언급한 '보이지 않는 손'의 신화처럼 널리 퍼졌고, 그 결과 온갖 규제가 다 해제되는 일이 주기적으로 발생해왔다.

미국의 마지막 규제 해제 시기는 2000년대 중반이다. 결국 2008년, 금융위기가 도래했다. 유명 경제학자들 중 일부도 주가는 결국 그 기업의 내재가치가 충분히 반영되기 마련이라면서 투기적 거품의 존재를 인정하지 않기도 한다. 우리는 '상식'을 따라가는 것이 좋겠다. 거품은 반복해서 생겼고, 언젠가 터지거나 꺼져든다. 재테크에서는 거품이 터지든 생기든 둘 다 기회가 된다. 그런데 집을 자산투자의 관점에서 접근하게 되면 결국 익절(수익이 나면 처분)이나 손절(손해가 나면 처분)해야 하고, 그 주기는 짧을 수밖에 없다. 물론 개인의 선택이겠지만, 삶을 살아가는 공간을 그렇게 자주 바꾸면서 살라고 충고할 순 없다.

부동산시장을 온전히 수요와 공급의 단순한 그래프로 설명하는 사람들이 많다. 이들은 수요가 많아 가격이 오르는 것이니 공급을 늘리자고 주장한다. 그러나 현실적으로는 호가가 올라서 가끔 이루어지는 거래가격이 기준가가 된다. 이런 시장에서는 극히 소수의 투기적 수요가 가격 거품을 만들

가능성이 있다. 탈서울을 재촉하는 또 하나의 이유는 몇몇 수도권 지역에서 주택단지 건설과 관련된 규제를 완화하기 때문이다.

과거에는 산에 집을 지을 수 없었다. 메리트가 없을뿐더러 집을 지으려면 특정 경사도 이하라는 조건을 충족해야 했기 때문이다. 그런데 이런 규제를 상당히 완화해서 산을 깎아 타운하우스와 같은 집들을 서울 인근에 많이 짓게 하는 지자체들이 있다. 그 위험성은 둘째로 치더라도, 서울로 가는 국도가 몇 개 안 되니 교통지옥이 되는 건 당연지사다. 말만 무성하던 대중교통이나 도로 인프라 확충은 마케팅 용어로만 기능한다. 탈서울도 봐가면서 해야 하는 이유다.

그렇다고 쉽게 어느 특정 지역을 추천할 수도 없는 노릇이다. 직장이 서울이라고 해서 꼭 서울에 살아야 하는 것은 아니다. 하지만 더 싸고 쾌적한 공간을 제공하는 지방 아파트가 오히려 1인가구의 적인 고독과 고립을 가중시킬 수도 있기 때문이다. 혼자 살지만 아파트는 갖고 싶은 사람들의 마음속에 예전부터 그려놓은 아파트 한 채 정도는 있을 것이다. 바로 그 아파트와 가장 유사한 아파트를 고를 것을 추천한다. 적어도 어느 한 구석은 닮은 곳을 찾을 수 있을 것이다. 물론 모든 걸 충족시키긴 힘들겠지만.

Chapter 5

아파트 구매
프로토콜 6단계

Step 1.
현금흐름을 확보하라

•——— 현금의 중요성은 아무리 강조해도 지나치지 않다. 어떤 기업이 '흑자도산'을 했다는 말을 들어본 독자도 있을 것이다. 흑자도산은 기업이 영업활동으로 분명히 흑자를 냈음에도 현금흐름이 원활하지 못해 자금난을 겪다가 결국 도산하는 것을 말한다. 기업의 부채비율이 늘어나 부도나는 기업이 증가하면서 현금흐름의 중요성이 높아졌고 현금흐름표 작성이 일반화되었다.

한 가구나 개인의 상황도 마찬가지다. 갚아야 할 돈을 갚지 못하거나, 써야 할 돈을 쓸 수 없는 상황은 상상만 해도 진

땀이 나게 만든다. 집은 개인이 가질 수 있는 모든 자산 중에서 현금화가 가장 어려운 자산이다. 세금 계산도 복잡할뿐더러 개인이 가진 가장 비싼 자산인 만큼 팔 때도 살 때도 챙겨야 할 것들이 많다. 집을 사는 사람들 대부분은 대출로 인해 빚을 지게 되고 매월 정해진 날짜에 이자 또는 이자와 원리금을 합해 갚아야 한다. 그렇다면 자신의 계좌에 매월 언제, 얼마의 현금이 들어오고 나가는지부터 파악하는 것이 기본일 것이다. 이를 '현금흐름'이라고 부르도록 하자. 주택담보대출 상환금만 나가는 게 아니라는 사실도 기억해야 한다. 기본적인 생활비부터 경조사비, 심지어 반려동물 사료값까지 돈이 나갈 곳은 넘치도록 넘쳐난다.

그러므로 현금흐름 확보를 위해 실제 현금이 어떻게 들어와서 나가는지 파악하는 것이 가장 중요하다. 아파트를 사기 전 실제로 가계부를 작성해봐야 하는 이유다. 소액의 돈이라도 입출금 날짜를 빠짐없이 기록해야 한다. 가계 유지에 필요한 모든 항목이 가계부에 정확하게 메모되어 있어야 한다. 실제로 부동산을 구입하고 대출금을 갚아나가다 보면 휴대폰 요금의 자동이체 날짜까지 신경이 쓰이게 될 것이다. 월급날이 매월 20일인 경우 통신비 자동이체일이 15일인지 25일인지에 따라 꽤나 큰 차이를 만들기 때문이다. 어차피 써야 하는 돈이지만 이 10일의 차이로 만약 대출 이자를 내지 못하기라도 하면 신용등급 걱정은 물론, 최악의 경우 자산이 잘못될 경우까지 생각해두어야 하기 때문이다.

아파트를 사기로 마음먹었다면 가계부를 쓰면서 비용의 흐름을 파악하는 데 그치지 말고, 들어오는 돈까지 꼼꼼하게 생각해봐야 한다. 직장인들은 보통 월급을 디폴트로 놓고 인생 계획을 짜는 경우가 많다. 그러나 월급은 당연히 들어오는 것이 아니다. 우리가 일한 만큼 받은 대가다. 하지만 오랜 기간 회사생활을 하다 보면 이 당연한 사실이 피부에 와닿지 않을 때가 많다. 월급은 언제든지 없어질 수 있는 돈이라는 사실을 다시 한 번 강조하고 싶은 이유다.

회사는 우리를 보호하지 않는다. 작년까진 보호했을지 모르지만 올해부터는 아닐 수도 있다. 그러므로 월급이라는 현금줄이 막혔을 때, 얼마나 견딜 수 있는지를 먼저 확인해야 한다. 더불어 보유하고 있는 여유자금이 아파트를 (급매가 아니라) 제값 받고 팔 수 있는 기간의 대출금 갚기와 필수 소비 비용보다 적다면 원점에서부터 다시 검토해봐야 한다.

들어오는 돈을 늘릴 수 있다면 당연히 큰 도움이 된다. 직장인들이 승진 시기와 월급 인상 시기를 대략이나마 예상해보곤 하는데, 이는 매우 좋은 습관이다. 다만 오직 연봉 때문에 직장을 옮기는 일에는 신중해야 한다. 새로운 직장이 밖에서 보는 것과 다른 사내문화를 가지고 있을 수 있기 때문이다. 다 좋다고 해도 단 한 명의 상사 때문에 새로운 직장에 적응하지 못하고 몇 개월 만에 그만둘 수도 있기 때문이다. 부업 등으로 수입을 늘릴 수 있다면 좋겠지만, 사이드 프로젝트나 프리랜서 일을 과연 할 수 있을지는 의문이다. 게다가 그 방법에 대한 설명만으로도 이 책보다 더 두꺼운 책을 몇 권씩 읽어야 하니 여기서는 빼도록 하겠다.

이런 상황에서는 지금 자신이 살고 있는 집으로부터 약간의 현금을 더 확보할 수 있는 방법을 알아보는 것이 좋다. 지금 당장 아파트를 사려는 사람도 있지만, 1~2년 계획을 세우고 집을 보러 다녀야 하는 경우도 많다. 지금 살고 있는 오피스텔 등이 자가라면 일단 그 집을 월세로 돌려서 현금흐름을 크게 개선할 수도 있다. 아파트 입주, 즉 잔금을 내야 하는 시점과 새로 들어갈 전세나 월셋집의 계약 날짜도 확인해봐야 한다.

이렇게까지 모든 걸 체크해도 인간의 삶이라는 게 너무나도 연약하기 때문에 내일 당장 어떤 일이 벌어질지 모른다. 세상일이라는 게 계획대로 되지 않는 경우가 계획대로 흘러가는 경우보다 더 많다는 말에 대부분 공감할 것이다. 하지만 그렇다고 계획조차 세우지 말라는 뜻은 아니다. 해당 시점에서 가장 완벽한 계획이라고 해도 미래의 변동성을 예측할 수 없다는 의미로 받아들이고 기억해야 한다는 의미다.

Step 2.
살 수 있는 아파트를 사라

•────── 우리가 살 수 있는 아파트는 2가지다. 첫째, 살 수 있는 아파트란 자신이 구입할 수 있는 한도 내에 있는 아파트다. 이번 정부 들어서 23번의 부동산정책이 나왔다. 정부는 이 중 22번째였던 6·17 대책을 통해 투기과열지구·조정대상지역 내 주택을 거래하는 경우, 거래 금액과 상관없이 의무적으로 자금조달계획서를 제출하라고 발표했다.

이에 따라 2020년 9월부터 조정대상지역에서 주택을 구입할 경우 무조건 자금조달계획서를 내야 한다. 2019년 12·16 대책에서는 자금조달계획서 제출 대상을 규제지역

내 3억 원 이상 주택 및 비규제지역 내 6억 원 이상 주택으로 한정했었다. 이번 대책에서는 자금조달계획서 제출 대상을 모든 주택으로 확대한 것이다.

자금조달계획서의 정확한 명칭은 '주택취득자금조달 및 입주계획서'다. 정해진 문서 양식이 있다. 주택을 취득하려는 자금이 어디에서 왔는지 그 원천을 밝히는 것이 주요 목적이다. 아파트를 살 때 대출을 얼마나 받았는지, 대출을 받지 않았다면 현금인지 증여받은 돈인지 혹은 주식매각대금인지를 기재하도록 하는 것이다. 정부에는 여기까지만 제출하면 되지만 우리는 이 자금을 마련하느라 받은 대출금을 어떻게 갚을 것인지, 즉 현금흐름을 어떻게 관리할 것인지까지 생각해야 한다.

둘째, 살 수 있는 아파트란 말 그대로 우리가 입주해서 살 때 문제가 없는 아파트를 말한다. 여기에서부터 지금뿐만 아니라 앞으로도 혼자서 살아갈 1인가구와 2~4인가구의 전략이 나뉘어진다. 지금으로선 혼자 사는 1인가구에게 살기 힘들거나 조금 오래되고 낡아서 주변 환경이 좋지 않은 그런

곳에서 미래를 위해 굳이 버티는 것을 권하고 싶지 않다. 그렇다고 미래가치가 떨어질 확률이 높은 집을 사라는 의미는 아니다. 미래와 현재의 주거환경을 놓고 봤을 때 미래보다는 현재에 조금 더 큰 점수를 주어야 한다는 뜻이다.

이를 파악하는 방법은 간단하다. 매매가 대비 전세가가 어느 정도인지를 보면 알 수 있다. 미래에 방점이 찍힌, 지금은 살기 불편한 아파트들은 보통 매매가의 20~30%면 전세로 들어갈 수 있다. 이런 아파트들은 실제로 재건축이 된다고 해도 생각보다 오랜 시간이 걸릴 가능성이 높다. 또 재건축으로 1인당 초과이익이 3천만 원을 넘으면 10~50%를 환수하는 〈재건축 초과이익 환수제〉가 다시 시행되고 있고, 양도소득세를 강화했기 때문에 사실상 일정 기간 집을 되팔기가 힘들다.

한마디로 무엇을 상상하든 그보다는 어렵고 오래 진행되는 것이 재건축이다. 게다가 재건축 예정 혹은 재건축 추진 단지에서 살아가는 것은 무척 고단한 일이다. 그 어려운 길을 가는 이유를 명확하게 보여주는 일화가 있다. 몇 년 전 반포의 오래된 저층 아파트가 재개발을 추진할 때, 건설사들이 집주인들을 만날 때마다 재건축을 해서 아파트 2채가 나올 테니 하나는 부모님이 사시고 하나는 자식에게 증여해주라고 설득했다고 한다. 누구나 솔깃할 만한 이야기가 아닐 수 없다.

2019년 봄, 여의도 아파트 단지들을 둘러보고 온 적이 있다. 여의도 개발이 이슈로 떠오르면서, 1970년대에 지어진 아파트들의 거래가격이 가파르게 상승하던 시기였다. 매물로 나온 아파트들 몇 곳을 둘러봤는데, 그중에는 한강뷰가 거실이 아닌 현관문 밖 복도인 곳들도 많았다. 그렇다. 복도식이 많다. 한강뷰가 확실한 장점으로 인식되기 시작한 건 그리 오래된 일이 아니다. 오히려 과거에 한강뷰는 올림픽대로나 강변북로를 지나다니는 차량의 소음으로 취급받았다.

오래전 강남의 경우 아파트가 한강뷰라는 것은 거실이 정남향이 아닌 북향집이라는 의미였다. 이런 아파트들의 경우 동네와 상관없이 매매가 15억 원인 20평대 아파트가 전세로는 3억~4억 원 사이다. 여의도의 한 아파트는 엘레베이

터가 각 층에 있지 않고 2개 층 사이에 위치해 있다. 상상을 초월하는 수준의 아파트다. 각 동 사이에는 자르지 않은 잡초들도 무성하다. 단지 곳곳에 '이곳은 많이 낡았으니 재건축이 시급하다'는 메시지를 집어넣은 것만 같았다. 그 비싸다는 압구정동 현대아파트 단지들도 불편하고 열악하기는 마찬가지다. 모두 공간이 부족해 주차가 너무 힘들다. 지하주차장은 당연히 없다.

그럼에도 불구하고 이런 아파트 단지들에서 전·월세를 주지 않은 채 직접 거주하는 이들도 극히 일부 존재한다. 지리적인 이점 때문일 것이다. 그 아파트에서 오래 살았다면 굳이 새로 지은 아파트로 옮기는 게 꺼림칙한 이유도 있을 것이다. 재건축 희망 아파트들을 애써 살 필요가 없는 이유는 가격 때문이다. 비슷한 아파트들과 비교했을 때 너무 비싼 이런 아파트는 패스하는 것이 좋다. 그러나 자산으로서의 아파트에 관심이 많은 1인가구들이라면 자금이 허락할 경우 이런 곳들에서 살 수도 있다. 현재 살기 편한 곳과 미래에 살기 편한 곳 중에서 결정하는 건 결국 개인의 선택이다.

Step 3.
써도 되는 빛과
쓰면 안 되는 빛을 구분하라

• ──── 우선 써도 되는 빛을 생각해보자. 여러 가지 규제들로 이것저것이 묶여 있는 2020년 현재 주택담보대출은 써도 되는 빛이다. 여기서 써도 되는 빛이란 정부가, 국세청이 그리고 우리가 현재 다니는 직장이 직간접적으로 '이 정도는 갚을 수 있을 것'이라고 사실상 허용한 빛이다. 대출을 다 갚지 않아도 아파트 가격이 올라서 추후에 팔면 된다고 생각하는 경우가 많다.

하지만 미혼 또는 비혼 1인가구의 대출은 달라야 한다. 우리가 직장을 다니면서 얻는 소득으로 다 갚을 수 있어야 한다. 앞서도 언급했듯 1인가구에게는 느슨한 지역 커뮤니티에서의 연대가 중요하다. 수익을 냈다고 팔아버리고 저평가된 지역으로 가서 그곳의 지역인구 구성이 바뀌는 10년을 허비할 필요는 없다. 어차피 서울 시내에서 아파트를 산다고 하면, 집값의 30% 이내로만 대출이 나온다. 6억 원짜리 아파트라면 1억 2천만 원, 7억 원짜리 아파트라면 2억 천만 원이다. 직장인들의 연봉에 큰 변화가 없는 상황에서 여전히 주택담보대출과 관련한 세간의 말은 유효하다. '2억 원이 넘는 주택담보대출을 지고 집을 사면 대부분 팔기 전까지는 대체로 빚을 갚지 못한다.'

취업사이트 사람인이 2019년 신입사원을 뽑은 기업 431곳을 조사해 나온 결과가 이를 잘 설명해준다. 우선 신입 채용에 30대 지원자가 있었다는 응답이 77%였고, 전체 지원자의 42%가 30대 이상 지원자였다. 이는 2018년보다 무려 37.9%나 증가한 결과다. 특히 취업자 10명 중 7명 이상이 중소기업과 중견기업에 취업했다.

또 다른 취업사이트 잡코리아의 조사에서는 2019년 대졸 신입사원 연봉이 4,060만 원인 데 반해 중소기업 신입사원의 연봉은 2,730만 원이었다. 돈을 늦게 벌기 시작한 것도 모자라 겨우 2천만 원대 연봉을 받는 게 요즘 신입사원들이다. 직장에서의 연봉 인상이란 것은 그냥 물가상승률 정도라고 보면 된다.

그렇기 때문에 "직장인의 26%가 노후 대비 저축을 하지 않는다"라는 2018년 신한은행의 조사 결과는 놀라울 만한 일이 아니다. 그렇다면 저축을 한다고 응답한 이들은 얼마나 많이 했을까? 이들의 월 평균 저축 금액은 26만 원이었다. 당시 우리나라 보통 직장인들의 평균 월 소득이 285만 원이었다.* 저축을 안 했다기보다는 할 돈이 없었다는 표현이 더 맞을 것이다. '2억 원 이상 빚을 내면 집을 팔 때 대출금을 갚더라'는 말의 근원을 조금 더 정확히 설명하면 이렇게 된다.

'집을 먼저 사두고, 대출금을 갚는 게 결국 저축이다'라고 이야기하는 사람들이 많다. 하지만 그렇게 보기엔 어려운 부

---

* 신한은행, 〈2018년 보통사람 금융생활 보고서〉

분이 있다. 원리금과 함께 대출금을 갚기보다는 이자만 갚는 경우가 많다. 아무리 원리금과 함께 갚는다 해도 저축이라고 하기엔 무리가 있다. 금리가 역대 최저를 기록하고는 있지만, 대출금리가 1.5%고 3년 정기예금 금리가 1.5%라면 3%나 손해 보는 행위이기 때문이다. 주택담보대출은 써야 하니까 쓰는 대출일 뿐이다.

쓰지 말아야 할 빚에는 2가지가 있다. 하나는 '영끌(영혼까지 끌어모은)' 빚이다. 수단과 방법을 가리지 않고 지금 사지 않으면 영원히 못 살 것 같은 마음에, 어떠한 상환 계획도 없이 일단 여기저기서 끌어모아 아파트를 사는 '패닉 바잉Panic Buying'이다. 이렇게 불안하다면 안 사고 빚을 안 지는 게 맞다. 오르면 떨어질까 걱정할 것이고 그러다 집값이 조금이라도 떨어지면 사달이 날 것이기 때문이다. 이 모든 것이 다 마음속에서 벌어지는 일이다. 그래서 영혼이라는 말이 들어가 있는지도 모르겠다.

경제적으로 불안감이 커지면 누구든 제대로 된 결정을 내리기가 힘들다. 이는 이미 주식시장에서 입증된 이야기다.

동시에 부동산 사이클이 하락세로 돌아설 때 체험하게 될 사실이다. 물론 앞에서 여러 번 이야기한 것처럼 적당한 가격의 아파트를 구매하는 거라면 얼마든지 사도 된다. 적당한 가격이 아닌 경우가 문제다. 서울과 수도권 대부분이 포함된 규제지역 중 투기지역, 투기과열지역을 예로 들어보겠다. '적당한 가격'이란 금융위원회가 서민과 실소유층이라고 해석한 6억 원 이하 아파트를 살 때, 그 가격의 40%인 2억 4천만 원이 마지노선이다. 여기서 개인별로 월급은 얼마인지, 또 회사는 얼마나 더 다닐 것인지에 따라 빚의 규모는 줄어들 수 있다. 한 달에 원금만 2백만 원씩 갚아나가도 10년이 더 걸리는 돈이 2억 4천만 원이다. 그러므로 1인가구의 대출은 줄일 수 있을 때까지 최대한 줄여야 한다.

다른 하나는 종잣돈을 마련하는 과정에서 얻는 빚이다. 제아무리 주변에서 성공할 투자라고 부추겨도, 빚내서 하라는 투자는 적어도 제 집 하나 사보려는 이들에게는 맞지 않는 투자다. 종잣돈 만들기의 첫 번째는 잃지 않는 투자다. 최근 코로나 바이러스 때문에 주식시장이 급락했을 때 생각보다 폭락의 기간이 그리 길지 않았다. 갑자기 정체불명의 개인 자금이 증시로 몰려들었기 때문이다. 이런 경우 이들의 선택은 주로 삼성전자로 대표됐지만, 실제로는 테마성 종목에 많이 몰렸다. 놀라지 않을 수 없다.

테마라는 것은 남북 화해기에 관련 종목에 투자해 빠르게 치고 빠지거나, 코로나 바이러스 관련 시약을 만드는 회사 또는 백신 등을 만들 것으로 보이는 회사들의 주식을 사는 것과 같은 방식의 투자를 말한다. 테마주들의 문제는 그대로 테마, 이벤트성이라는 데 있다. 보통 주식투자를 하면서 개별종목을 고를 때는 이 회사의 단기뿐만 아니라 장기적인 비전뿐만 아니라 실적까지 확인한다. 그러나 테마주는 이런 것들을 고려하지 않는다. 물론 단기간에 주가가 오르내리기 때문에 누군가는 돈을 벌지만, 그게 우리가 아닐 확률이 무척 높다.

최근 주식시장에서 이렇게 몰려든 개인 투자자들을 '동학개미'라고 부르고 있다. 2020년 2월 한 달 동안 약 10조 원의 자금이 몰려든 것으로 추정된다. 이 기간 외국인이 팔아치운 우리나라 주식도 10조 원가량이 된다. 이처럼 동학개

미들이 주식시장 급락을 막았다는 시각도 있지만, 실제로는 공매도 금지와 대출이 급락을 막았다고 보기도 한다. 공매도空賣渡는 말 그대로 '없는 주식을 판다'는 뜻이다. 가격 하락을 예측하고 주식을 보유하지 않은 상태에서 먼저 매도하고 결제일 전에 구매해서 갚는 것이다. 가격 하락에 배팅하기 때문에 공매도를 하기가 쉽지 않은 개인투자자들의 원성이 높았다. 하지만 공매도는 가격 거품을 방지하는 등의 역할을 하기도 한다. 증시가 급락하자 정부는 이 공매도를 금지하고, 2020년 9월에 다시 재개하기로 했다. 개인의 대출금이 몰려드는 이유는 9월 전에는 증시가 급락하지 않을 거라는 예측 때문이다.

실제로 금융투자협회가 2020년 7월 발표한 코스피와 코스닥 시장의 신용거래 대출 잔고가 13조 원을 넘기면서 역대 최고치를 기록했다. 지난 3월에 6조 원대였으니, 개인이 주식투자를 하기 위해 빌린 돈이 3개월 만에 무려 2배나 늘어난 것이다. 신용거래는 투자자가 주식을 사기 위해 증거금을 증권사에 맡기고 돈을 빌리는 것을 말한다. 이자율이 4~9%대로 무척 높다. 대출 기간도 짧다. 주식을 이미 보유한 투자자들이 추가로 돈을 마련하기 위해서 자신이 보유한 주식을 담보로 받는 대출도 4월 15조 원대에서 3개월 만에 2조 원 이상이 늘어났다.

문제는 이 같은 대출이 하락장에서 엄청난 손실을 일으킬 가능성을 내포하고 있다는 점이다. 증권사에서 빌린 돈을 제때 못 갚거나 담보로 내놓은 증거금의 비율이 정해놓은 약정보다 하락할 경우, 증권사가 전화로 증거금을 더 내지 않으면 강제로 주식을 매각해 대출을 회수하는 반대매매를 하겠다고 알려온다. 이를 '마진콜'이라고 부른다. 1주일 후에 가격이 2배, 3배로 오를 확률이 높더라도 상관하지 않고 대출금만큼의 주식을 팔아버린다. 반대매매 비율은 2020년 3월 증시가 잠시 폭락하자 즉시 평소보다 2배 많은 8%를 기록했다. 무시하기 힘든 숫자다.

종잣돈을 만들 때든, 아니면 이 돈을 활용해 아파트를 살 때든 써야 할 빚과 쓰지 말아야 할 빚을 가르는 개념은 비슷하다. 어렵다면, 두 경우 모두 최악의 경우를 상정하면 된다. 집값이 많이 떨어져서 3년~5년 동안 오르지 않아도 대출금을 상환하면서 얼마나 버틸 수 있을지, 종잣돈 형성 과정에서 주가가 크게 떨어졌을 때 (혹은 펀드 수익률이 곤두박질쳤을 때) 1년에서 2년 이상 버틸 수 있을지 생각해보자. 버틸 자신이 없다면, 현실적으로 버틸 수 없을 것 같다면 '쓰면 안 되는 빚'이다. 더 낮춰야 한다. 천천히 걸어야 오래 걷는다.

Step 4.
시장을 이길 수 있는 것이
많다는 사실을 기억하라

•———"시장을 이길 수 있는 것은 없다."

"정부가 경제학원론과 싸움을 하고 있다."

이 말은 언뜻 반박하기 힘들어 보인다. 시장의 뜻을 왜곡할 수도 있는 말이다. 우리가 반드시 기억해야 할 것은 시장을 조성하는 주체가 일반인들이 아니라는 사실이다. 시장 조성 주체가 국가라는 사실이다. 국가는 시장을 만든다. 그뿐만 아니라 시장이 돌아가는 규칙도 만든다. 이를 어길 경우 강력하게 처벌하는 막강한 존재이기도 하다. 주위에 있는 사람들이 부동산 가격이 영원히 오를 것처럼 이야기하거나 주변에서 이와 같은 말들이 많이 들려온다면, 오히려 몸을 사려야 할 때다. 반드시 기억하자.

시장이 자율적으로 (국가가 정한) 규칙을 지키면서 돌아가는 것이 이상적이긴 하다. 하지만 (어떤 이유에서든) 국가가 개입하기 시작하면, 그 시장에서 국가를 이길 수 있는 개인은 없다. 국가의 개입에 시간이 많이 걸린다는 사실을 알고 있던 일부 개인이 아직 막히지 않은 우회로를 재빠르게 찾아낼 수 있을 뿐이다. 그러나 이런 민첩함이 영원히 계속될 수는 없다. 특히 국가가 시장을 흔들 때 주로 사용하는 세금이라는 무기는 제아무리 시장만능주의를 외치는 자유방임주의자들이라고 해도 거부할 수 없는 강력한 무기다.

국가만이 시장을 흔들 수 있는 능력을 갖춘 것은 아니다. 여론도 시장을 흔들 수 있다. 여기에서 여론은 설문조사 결과일 수도 있고, 대부분의 언론이 동일하게 주장하는 논리일 수도 있다. 또 유력 정치인들의 발언일 수도 있다. 2020년 7월, 정부의 여러 부처에서 그린벨트를 해제해 아파트를 지을지 말지에 대해 상반된 의견이 나왔다. 그린벨트를 유지하자는 의견이 더 많았던 설문조사 결과가 발표됐고, 찬반양론이 거 셌다. 그린벨트 해제라는 이슈가 튀어나온 지 불과 며칠 만에 대통령이 직접 해제하지 않겠다고 발언했을 정도다. 그러면서 태릉 등 군대 소유의 부지를 활용해 주택을 공급하겠다는 대안도 나왔다. 만약 설문조사 결과나 미디어들의 주장이 반대쪽으로 크게 기울었다면 실제 그린벨트 해제 여부와는 별개로 적어도 오랜 기간 논쟁이 이어졌을 것이다.

물론 모든 경제적 행위가 시장에서 순조롭게 결정되는 것이 가장 좋은 일이다. 단지 개인의 이기심이 교환의 자발성이나 재산권 보호 등을 시장에서만 결정되기 힘들게 만드는 것이 문제다. 그러므로 사법기관처럼 잘못 유무를 판단해줄 집행기관이 필요하기 마련이다. 국가는 시장에서의 원활한 상거래를 위해서 막대한 자금을 투입한다. 이는 세금을 통해 집행된다.

흔히들 국가에게 '시장에 맞서지 말라'고 말한다. 특정 부처 이름을 달고 발행되는 '한국판 우버 나온다' 또는 '경기도판 배달의 민족 순항'과 같은 기사나 보도자료를 싫어하는 이유다. 시장에 특별한 문제가 없을 때 국가가 개입하는 것은 월권행위일뿐더러 시장 전체의 파이를 키우는 데 오히려 해가 되기 때문이다. 하지만 이런 충고가 만능은 아니다. 평상시라면 몰라도 주기적으로 찾아오는 경제위기를 생각해보면 어떨까? 기업들은 제발 개입해달라고 국가에 요청한다. 제발 기업을 사달라고 읍소한다. 실제로 미국 정부는 금융위기 당시 연쇄파산을 막기 위해서 대형보험사를 국유화하는 등 시장에 개입했다. 아니, 시장을 다시 조성했다. 우리에게도 낯설지 않은 이야기다. 아직도 정부가 경제 위기 때마다 매입한 은행, 언론사, 대기업 등의 지분이 그대로 있다. 팔기 위해 여러 차례 시장에 내놓았지만 제값을 주고 사겠다는 곳이 없었기 때문이다.

이렇게 길게 국가의 시장 개입에 대해 설명하는 이유는 한 가지다. 시장의 룰은 언제든지 바뀔 수 있다는 사실을 기억하기 위해서다. 영원한 것은 없기 때문이다. 가격이 영원히 오르거나 떨어지는 부동산은 없다. 오랜 기간을 보면 우상향 한다고는 해도 그건 거의 모든 재화의 가격과 마찬가지다. 3년~5년 혹은 7년~8년을 봐도 부동산 가격의 하락기나 금융위기, 경제위기 시기의 가격 하락 폭은 적지 않다.

우리는 이런 시기가 있을 수 있고, 자산 가치의 폭락만큼 자산 버블, 즉 폭등의 시기에 정부가 얼마든지 개입할 수 있다는 사실을 절대 잊어서는 안 된다. 그러므로 누군가 가격 상승이든 하락이든 그런 일은 절대 벌어지지 않을 것이라며 시장을 이기진 못한다고 이야기한다면 반 발짝 멀어지는 것이 좋다. 지금처럼 혼란한 시기에는 더욱 그렇다. 그러기 위해서는 내가 사고 싶은 아파트를 내가 살기에 좋기 때문에 산다는 확고한 믿음이 있어야 한다.

Step 5.
가격 등락으로부터 자유로워져라

• ——— 2008년 세계 금융위기로 번진 미국발 금융시장의
붕괴는 주택담보대출에서부터 시작됐다. 미국은 개인 신용
점수가 부동산 구입의 시작이다. 신용점수가 높으면 낮은 금
리에 많은 대출을 받을 수 있다. 평균적으로 20~30% 정도인
자기자본(다운페이먼트라고 부른다)이 필요한데, 신용점수가 높
으면 10%까지도 낮출 수 있다. 물론 지금은 불가능해졌다.
2008년 이전에는 가능했다.

신용점수가 높은 이들에게 나가는 주택담보대출을 '프라
임'이라고 불렀다. 그 유명한 '서브프라임'은 이 프라임대에

미치지 못하는 신용점수를 가진 사람들이 받을 수 있는 주택담보대출이었다. 당연히 저소득층이 많았다. 당시 서브프라임대의 신용점수를 가진 이들에게도 집을 살 기회를 주자는 목소리가 높아졌고, 실제로 이들이 집을 샀다.

문제는 이 서브프라임 모기지(주택담보대출)를 받은 이들이 얼마 되지 않아 이자를 연체하게 되었다는 데 있다. 당연히 은행이 집을 다시 가져가는 상황들이 많이 벌어졌다. 부동산과 떼려야 뗄 수 없는 핏줄과 같은 관계인 금융계에서는 이런 위험 상황들을 충분히 알고 있었다. 그리곤 '폭탄돌리기' 게임에 들어갔다. '프라임 모기지'와 '서브프라임 모기지'를 섞어서 새로운 금융상품을 만들어 서로 사고팔도록 했다. 부실채권과 우량채권을 섞은 이런 상품으로부터 파생된 여러 상품들이 섞이고 섞이면서, 이 상품에 실제로 주택담보대출 계약서가 있는지조차 불명확해지는 지경에 이르렀다. 개인들의 파산이 늘어났고 결국 이 거품이 터지고 말았다. 금융상품의 위험성을 보장해주는 보험사도, 판매사도, 구매자도 한꺼번에 피해를 보았으니 당시 시장 상황은 더 설명할 필요도 없다.

아파트 구매를 부동산 투자로 접근하고 싶다면 먼저 멘탈부터 챙겨야 한다. 부동산 투자에서의 최종적인 성공을 성공적인 판매 및 더 비싼 부동산으로 갈아타는 것이라고 했을 때, 곳곳에서 단기적인 실패와 성공이 반복될 것이기 때문이다. 그뿐만 아니라 기복도 무척 심해지기 때문이다. 물론 장기적인 투자다. 일반적으로 10년을 주기로 부동산 경기 사이클에 오르막과 내리막이 있다고 이야기한다. 미국의 경제 전문가 필립 엔더슨은 미국 부동산시장이 상승에서 하향까지 18년을 주기로 돌아간다고 주장한다. 조금 더 정확히 표현하면 7년 올랐다가 주춤하고, 약 5년간 가파르게 오르며, 2년~4년간 급락한다는 뜻이다. 아무리 빠르게 올라갔다고 해도 급락의 시기는 반드시 오기 마련이다.

지금 아파트를 사고 싶은 독자라면 최근에 관심을 가졌을 가능성이 높다. 그래서 2014년부터 시작된 아파트 가격 상승기 이전의 상황을 기억하지 못할 수도 있다. 2013년~2014년 상반기까지는 조금 과장해서 말하면 대체적으로 아무도 집을 사지 않으려고 했던 시기다. 이 시기에 가만히 있었던 나역시 친분이 있는 부동산 중개인에게 지금 가격의 3분의 1

정도에 어떤 때는 구축 아파트를, 어떤 때는 신축 아파트를 살 생각이 없냐는 이야기를 자주 들었다.

이와 같은 폭락과 회복기 사이의 특징은 구매자 중심의 시장이라는 것이다. 판매자보다 구매자가 더 적기 때문이다. 회복기가 지나면 건축 붐이 한창일 때는 물론이고 침체기에도 판매자가 시장의 주도권을 쥐는 판매자 중심의 시장이 된다. 임대료가 하락하고, 거래 가격이 하락하면 다시 구매자보다 판매자가 많아지고, 이는 폭락기로 이어진다. 부동산 가격과 관련해서는 항상 여러 가지 주장들이 많기 때문에 지금이 어떤 시기인지 파악하기 힘든 것이 사실이다. 그러나 이와 같은 현상들이 일어나면 누가 뭐라고 말을 해도 대략의 위치는 파악할 수 있다. 이를 반드시 기억해야 하는 이유다.

이제 다시 가격에 대해 이야기해보자. 앞서 미국에서 서브프라임 모기지 문제가 시작하던 무렵부터 버블이 터진 그 순간까지, 즉 2004년~2009년 미국의 집값 하락률은 30%를 넘겼다. 10억 원 하던 집이 7억 원이 됐다. 물론 전대미문의 사건이었기 때문에 이 정도까지 가격이 내리기를 기대하는 이들은 없을 것으로 믿는다. 런던을 제외하고 오랜 경기침체로 어려움을 겪었던 영국의 경우 1968년~2015년까지 무려 47년간 집값이 연평균 8.75%나 상승했다. 3년에 30%가 오른 셈이다. 집값은 국가, 도시, 시기에 따라서 이렇게 극적으로 오르내린다. 장기적으로는 우상향, 즉 오른다고는 하지만 계속 언급하듯 장기적으로는 짜장면 가격도, 라면 가격도 다 오르기 마련이다.

일단 아파트를 샀다면 가격이 오르든 내리든 상관하지 말고 자유롭게 아파트에서 살라는 말은 사실 불가능할 수 있다. 영향을 전혀 받지 않는다는 것이 불가능하기 때문이다. 다만, 부동산 투자를 위해서가 아니라 단지 내가 살고 싶은 집에서 살기 위해 아파트를 샀다면 10년 동안은 세금 때문에라도 팔지 못한다고 생각하는 것이 좋다. 그렇게 생각해야 가격 등락으로부터 마음이 편해질 것이고 현재에 더 집중할 수 있을 것이기 때문이다.

어차피 10년 동안 팔지 못한다면 그동안 적어도 1번 이상의 상승기와 하락기를 겪게 될 것이다. 이렇게 오래 가지고

있어야 하기 때문에 지금까지 어떻게 대출금을 활용할지 또
어떻게 갚아나갈지를 먼저 강조했다고 생각하길 바란다.

Step 6.
등기를 마친 그날부터
팔 생각을 하라

•——— '등기를 마친 그날부터 팔 생각을 하라'는 말은 '가격 등락으로부터 자유로워지라'는 앞선 이야기와는 상반되는 것처럼 보일 것이다. 그러나 모든 계획에는 플랜A와 함께 플랜B가 있기 마련이다. 인생은 뜻대로 되지 않고, 좋든 나쁘든 계획은 언제든지 변화할 수 있기 때문이다. 어떤 일이 벌어지든 일단 계획을 가지고 있는 것이 좋다. 10년 동안잘 가지고 있다가 팔든, 자금 계획에 차질이 생겨 얼마 지나지 않아 손해를 보고 팔게 되든, 현재 시장 상황이 어떤지는잘 파악해두고 있어야 한다. 즉 팔지는 않겠지만 혹시 팔게되더라도 이때 팔면 되겠다는 정도의 계획이 필요하다.

이런 경우도 있을 수 있다. 어쩌다 보니 큰 호재가 생겨 갑자기 내가 산 아파트가 있는 지역만 가격이 급등했고 나머지는 전체적으로 가격이 내려가고 있다면, 세금 계산을 해봤는데도 경쟁력 있는 차익을 남길 수 있다면 어떻게 해야 할까? 이런 상황을 가정하는 정도의 계획도 한 번쯤은 생각해 보는 것이 좋다. 반대의 경우나 직장을 옮겨야 하는 경우도 있을 것이다. 이런 경우에는 일정 기간 이상 실제로 거주했고 대출금 상환 등에 큰 문제가 없다면, 해당 아파트를 전세나 월세로 돌린 후 역시 전세나 월세로 이사를 가는 것도 방법일 수 있다.

아파트가 중요한 만큼 커리어도 중요하다. 그 반대도 물론 성립한다. 나에게는 최근 5년 동안 3번의 해외 이직 기회가 있었다. 2000년대 중후반기에 뉴욕에서 2년간 직장생활을 했기 때문에 이직 제안이나 기회가 생길 때마다 가장 먼저 알아보는 건 그 지역의 부동산 가격이었다. 그런데 하필이면 3번 모두 홍콩, 런던, 뉴욕처럼 정말 부동산 가격이 인생에 호의적이지 않은 곳들이었다. 물론 최종적으로는 가지 않게 되었지만, 만약 이런 제안을 받을 경우 일단 마음속에서는 이주를 결정한 후 해당 회사 사람들을 만나야 한다. 나 역시 실제로 이들과 만나서 이야기를 나누다가 마지막에는 월세와 집값 이야기를 했다.

아파트도 주식도 해외 부동산도 한 가지 공통점이 있다. 결국 모든 것이 '마음의 문제'라는 점이다. 마음속으로 런던의 작은 집을 구매하자고 결정했다면, 이직 계획이 무산되어도 계속 런던의 집을 찾아보게 된다. 주식도 마찬가지다. 큰 수익을 내지 못했지만 계속 오르고 있는 주식이 오늘 또 얼마나 올랐는지 그렇게 신경이 쓰인다. 아파트 역시 마찬가지다. 내 집 가격은 물론이고, 여기보다 더 오른 저 아파트의 가격에 가슴이 쓰리기도 한다.

그러므로 가끔씩 가슴이 쓰린다거나 막연한 기대가 차오르거나 할 때면 플랜B를 떠올려보는 것도 나쁘지 않다. 10년 동안 팔지 않아야 한다는 생각만 하고 있기보다는 여차하면 팔 수도 있다고 생각하는 것이 편하다. 특히나 1인가구는 학군에 얽매일 필요도 없다. 마음만 먹으면 팔 수도 있다고 생각하는 것이 평정심을 유지하는 데 도움이 된다.

조기은퇴를 꿈꾸고, 또 실제로 조기은퇴를 하는 이들이 늘어나고 있다. 회사에서 임원이 될 때까지 혹은 나가라고 할 때까지 붙어 있어야만 한다는 생각보다, 까짓거 회사 관두더라도 작은 집으로 옮기고 생활비 좀 아끼자는 가벼운 마음을 가진 사람들의 마음이 조금 더 여유로울 수밖에 없는 건 당연한 일이다.

아파트도 마찬가지다. 부동산 전문 재테크 책들을 보면 실제로 과거에 이런저런 집들을 사왔다는 저자 본인의 투자 사례가 많이 나온다. 그러다 보니 마치 한 번 삐끗하면 내가 원하는 정도의 집을 다시는 살 수 없을 것처럼 느껴지기도 한다. 그러나 지금 부동산의 고수가 된 그 저자들 역시 당시에는 플랜A도 아닌, 플랜B도 아닌, 플랜C를 선택했던 것일 수도 있다. 팔지 않을 거라도 팔 계획 정도는 마련해두어야 하는 이유다.

Chapter 6

혼자서 조금 더
잘 사는 방법

여러 사람과 잘 사는 사람이
혼자서도 잘 산다

•——— 과거와는 달리 현재는 대출 한도가 줄어들었기 때문에 아파트를 사려면 종잣돈 아니, 아파트 구매를 위해 필요한 최소한의 자금이 풍부해야 한다. 풍부한 이 최소한의 자금은 슬프게도 당연히 생활의 궁핍함을 동반한다. 우리가 지금 사려고 하는 아파트가 아마도 지금까지 사왔던 모든 물건들 중 가장 비싼 물건일 것이다. 어쩔 수 없이 당연히 겪어야 할 일이다. 아침이 오기 전의 어두움이 가장 깊고 적막한 법이다. 어디까지나 집에 관한 이야기다.

서울과 같은 대도시에서 직장생활을 할 때 돈을 가장 많이 절약할 수 있는 부분이 월세나 전세에 드는 비용일 것이다. 이 비용을 아끼는 가장 좋은 방법은 여러 사람들과 함께 사는 것이다. 집 하나에 여러 명이 함께 살면서 월세를 나누어 내는 형태의 셰어하우스가 기업형으로 운영되고 있는 이유기도 하다. 이러한 셰어하우스에 실제로 대기업들이 많이 진출해 있다. 이런 셰어하우스에는 공용 공간을 최대한 잘 뽑아서 카페처럼 만들어 커피값을 아껴보자는 아이디어가 곳곳에 담겨 있는 곳들이 많다. 관리가 잘될 뿐만 아니라 약간 좁은 오피스텔 정도의 퀄리티도 보장해준다.

문제는 이렇게 건물 하나를 통으로 쓰는 기업형 셰어하우스가 평당 월세로 보면 어지간한 도심 오피스텔보다도 비싸다는 사실이다. 그나마 버틸 수 있는 건 그만큼 방이 좁기 때문이다. 그래서 다시 개인들이 하는 셰어하우스로 발을 돌리는 이들도 많다. 반대로 돈이 조금 더 들고 출퇴근 시간이 조금 더 걸리더라도 도심 외곽의 오피스텔로 옮겨가는 이들도 있다. 문제는 어느 쪽으로 옮겨가더라도 사실 그렇게 자유로운 생활을 할 수는 없다는 점이다.

셰어하우스라면 당장 반드시 지켜야 할 규칙들이 있을 것이다. 너무 당연한 일이지만 공용 욕실에서 다른 사람의 샴푸와 린스를 쓰면 안 된다거나, 샤워 후 청소할 때 머리카락한 올 남김없이 치워야 한다거나, 냉장고에 있는 음식들은 자기 것만 섭취해야 한다는 등의 아주 기본적인 규칙들이다. 물론 자기 샴푸 줄어드는 거 무서운 만큼 남의 샴푸 줄어드는 것도 무섭다는 걸 아는 정도면 해결된다. 하지만 의외로 기본적인 에티켓을 지키지 않는 사람들이 많다고 한다. 특히 셰어하우스는 기본적으로 장기간 계약을 한다거나 하는 제약이 사실상 없기 때문에 에티켓 문제로 분쟁이 발생할 경우, 문제를 일으킨 당사자는 물론이고 그 피해자도 함께 나가는 케이스가 많다. 셰어하우스를 계약해서 운영하는 개인으로서는 공실이 나는 기간만큼 손실이 크다. 결국 개인들이 안정적으로 셰어하우스를 운영하기에는 리스크가 많기 때문에 그 빈자리를 기업형이 치고 들어오는 경우가 많다.

오피스텔에서는 어느 정도의 자유를 누릴 수 있다. 하지만 그렇다고 이런 에티켓 문제가 완전히 사라지는 것은 아니다. 냉장고와 욕실 물품 정도야 자유롭게 쓰겠지만, 지키지 않으면 은근히 문제가 되는 일들이 의외로 많다. 일반적인 원룸형 오피스텔은 세로가 좁고 가로가 넓은 구조로 되어 있다. 이 구조는 옆집과 함께 쓰는 벽의 넓이가 넓은 만큼 소음에 취약하다는 단점이 있다. 더구나 양쪽이 다 붙어 있다. 음악이나 TV 소리를 포함한 옆집의 모든 소음이 들릴 수밖에 없다. 한밤중이 될수록 더 심하다. 그렇다고 관리사무소에서 이 문제를 해결해줄 수도 없다.

그렇다면 아파트에서의 삶은 어떨까? 생각보다 지켜야 할 룰도, 루머도 많은 곳이다. 쓰레기 분리수거부터 층간소음, 엘리베이터에서 만나는 이웃들과의 문제, 중대형 평형의 경우 혼자 사는 데 따른 이웃들의 예상치 못한 관심, 의외로 빨리 도는 소문들 등등 아파트야말로 거의 모든 종류의 주거 형태의 문제가 애매하게 모인 곳이다. 부동산이든 동대표든 누군가와는 어느 정도의 사생활을 공유할 수밖에 없다.

여러 사람과도 잘 지내야 혼자서도 잘 산다는 건 중의적인 표현이다. 혼자서 잘 살려면 이 여러 사람들의 어쩔 수 없는 사생활 침범 본능을 이겨내야 한다. 그런데 혼자 살아가는 우리 자신부터가 자신만의 루틴을 깨버리고 싶은 때도 있다. 이런 사실이 오히려 가장 큰 문제일 수 있다. 어느 날에는 새벽에 운동을 나가고 싶지만, 어느 날에는 새벽까지 깨어 있고 싶을 때도 있다. 이처럼 이웃들과의 관계에서도 루틴을 지키고 싶은 나와 루틴을 깨고 싶은 내가 맞부딪히게 된다. 타인에게 취하는 태도뿐만 아니라 자신의 일상에도 어느 정도의 지켜야 할 선을 그어보길 제안하는 이유다.

머물고 싶지만 떠나야 할 집과
떠나고 싶지만 머물러야 하는 집

• ——— 내야 하는 세금에 따른 집의 종류와 건축법상 나뉘어진 집의 종류가 다르듯, 정서적으로 구분되는 집의 종류 또한 다르다. 우리는 모두 이사 나가고 싶은 집과 이사를 들어가고 싶은 집, 머물고 싶지만 떠나야 할 집과 떠나고 싶어도 사정상 머물러야 할 집을 마음속으로 정확하게 구분하고 있다. 그래서 때로는 무리를 해서라도 머무르려고 한다. 때로는 계약 기간이 많이 남았는데도 불구하고 손해를 무릅쓰고서라도 최대한 빨리 다른 집을 찾아 떠나기도 한다. 그런 면에서 정서적으로 맞지 않는 집이 무엇인지 재빨리 알아채는 것도 일종의 리스크 매니지먼트라고 할 수 있을 것이다.

물론 정서적인 집의 구분은 그보다는 더 많은 함의를 품고 있다.

그 집 골목에는 어떤 냄새가 배어 있나

아파트를 사기 전 우리는 여러 번의 시행착오를 거친다. 아파트의 형태나 종잣돈의 규모는 물론이고, 그 아파트가 위치한 동네의 분위기까지 직접 살아보기 전에는 짐작하기 힘든 일이 많기 때문이다. 이 시행착오를 경험하는 데 최소한 1년 이상의 시간을 필요하다. 집의 정서적 구분은 내 집이 아니라 다른 나라 혹은 다른 사람의 집에 머무를 때 오히려 더 잘 구별되는 경향이 있다. 여행을 떠날 때 호텔을 고를 것인지 아니면 에어비앤비를 고를 것인지와 같은 선택은 아파트에 살 것인가 오피스텔에 살 것인가를 결정할 때처럼 그 이유와 결과가 크게 달라지게 만든다.

미국 샌프란시스코에서 2008년 8월 시작한 숙박공유 서비스 에어비앤비가 등장하기 전까지 우리는 오랜 시간을 들여야 집에 대한 자신의 취향과 선호하는 동네를 파악할 수 있었다. 그러나 에어비앤비가 등장하면서 많은 것이 달라졌다. 이들이 2014년 우리나라에서 서비스를 시작했을 때 했던 광고의 카피가 이를 말해준다. "여행은 살아보는 거야!" 에어비앤비를 이용해보면, 이 광고 카피 하나가 에어비앤비가 추구하는 서비스의 본질을 얼마나 잘 표현하고 있는지 알게 된다. 에어비앤비는 호텔이나 리조트에서 묵었을 때 느끼지 못했던 특별한 기분을 경험하게 해준다. 파리나 런던, 뉴욕이나 홍콩의 어느 평범한 골목에서 살아보는 경험이 많은 이들에게 큰 매력으로 다가갔다. 에어비앤비가 성공한 이유가 바로 여기에 있다.

에어비앤비에 묵으면서 우리는 위치나 학군, 가격과는 상관없는 그 집만의 특별한 느낌이 있다는 평범한 진실을 느끼게 된다. 집을 빌려주는 호스트와의 짧은 대화조차 그 집의 인상을 결정짓는 중요한 요소가 된다. 이른 아침 장을 보러 나갈 때 골목에서 어떤 냄새가 나는지, 미슐랭 가이드에 선정된 레스토랑 못지않은 작지만 탄탄한 동네 밥집이 있는지에 따라서도 그 집의 선호도가 결정된다. 이런 간접적인 체험이 우리의 아파트가 좋은 위치와 학군으로 무장할 필요가 없다는 평범한 사실을 깨닫는 것으로 연결된다. 미래가치가 남다르지 않아도 된다는 지극히 당연하고도 평범한 사실 말이다. 그런가 하면 호텔이나 리조트에서처럼 여행지의 쾌적함과 안전함, 그리고 익명성을 보장받는 데 더 큰 매력을 느끼는 사람도 있다.

호텔 앙떼르나쇼날의 문이 열려 있다

망명소설이라는 장르를 만들어낸 독일 작가 에리히 마리아 레마르크는 제1차 세계대전 참전 경험을 담은《서부전선 이상 없다》로 필화筆禍를 겪었다. 레마르크는 스스로 무려 9년 동안 유럽의 망명자로 지내다 미국에 정착해 1970년 사망했다. 레마르크의 대표작《개선문》은 제2차 세계대전이 막 시작될 무렵 프랑스에서 망명생활을 하던 독일 외과의사 라비크가 주인공인 소설이다.

라비크는 호텔 앙떼르나쇼날(인터내셔널의 프랑스어 발음인데 앙떼흐나씨오날르에 더 가깝다)을 집으로 삼는다. 그는 프랑스 외과의 대신 불법으로 긴급 수술을 해주며 생계를 꾸려간다. 라비크는 잠을 잘 때조차 호텔의 방문을 잠그는 일이 없다. 여행 가방에 든 옷을 옷장에 걸어둘 생각도 하지 않는다. 망명자이자 불법 이민자 천지인 호텔 투숙객들이 갑자기 단속 나온 경찰을 피해 골목길로 연결된 호텔 지하에 모여 안개처럼 사라지기 때문이다. 물론 모든 투숙객이 라비크처럼 호텔방을 방치해놓은 건 아니다. 자신에게 가장 소중한 그림을 항상 호텔 벽에 걸어놓는 사람도 있었다. 라비크가 여행 가방을 풀어놓지 않았던 건 그에게 이 호텔, 즉 집이 항상 떠나야 할 곳이었기 때문이다. 항상 떠나고 싶어 한다는 것에 더 가까울지도 모르겠다.

라비크를 오래된 소설 속의 가상인물로만 치부하긴 어렵다. 라비크에게서 우울함을 제거하고 그에게 합법적인 여권과 비자를 더하면, 현대판 디지털 노마드족이 될 수도 있다. 언제 어디든 떠날 수 있는 혹은 떠나고 싶은 이들은 전쟁 중이 아니어도 얼마든지 많다. 인도네시아 발리나 태국의 치앙마이로 떠나 프리랜서 일을 하는 이들이 점점 더 늘어나고 있다. 아니, 있었다. 비자만 나온다면 미국이나 일본으로 취업하고, 영주권을 전제로 호주나 캐나다로 옮기는 이들도 많다. 아니, 많았다. 머무르고 싶은 집을 찾지 못한 사람들이다. 물론 2020년 8월 현재 코로나 바이러스의 전 세계적인 확산 때문에 잠시 유보해야 하는 이야기가 되었지만.

그래서, 떠날 것인가 머무를 것인가

집은 휴식의 공간이어야 한다. 휴식은 안정감으로부터 파생된다. 미래에 대한 불안함 속에 아주 잠시 몸을 누일 수 있는 곳이 지금 사는 집이라면, 언젠가는 떠나야 할 집인 라비크의 앙떼르나쇼날 호텔방과 본질적으로 다를 것이 없다. 예를 들어 오피스텔을 선택하는 사람들은 보안과 익명성, 편리한 교통과 어느 정도 쾌적한 면적, 충분한 휴식을 바꿔야 할 수도 있다. 계약이 끝나지 않아도 약간의 금전적인 손해를 감수한다면, 언제든 떠날 수 있는 곳은 그 나름대로의 가치를 가지고 있을 것이다.

누구에게나 집은 필요하다. 그러나 고된 하루를 마치고 편하게 쉴 곳으로서의 집이 절대적으로 누구에게나 필요한 것은 아니다. 모든 사람의 하루가 꼭 고될 필요는 없는 것과 같은 이치다. 고되지 않되 스트레스가 적은 일을 찾아 대기업을 그만두는 이들이 계속해서 늘어나고 있는 현실이 이를 뒷받침해준다. 이처럼 정서적으로 그다지 들어맞지 않은 집에서 사는 사람들은 반드시 무언가는 희생하고 있다.《개선문》에서 망명자 라비크는 마지막까지 호텔방을 벗어나지 못한다. 다만, 라비크는 레마르크가 생전에는 발표하지 않았다가 죽고 나서 강제로 발표된 유작《그늘진 낙원》에서 우정출연처럼 짧게 등장한다. 이 소설에서는 아마도 머무를 곳을 찾은 것처럼 보인다. 이 작품에서 라비크는《개선문》에서는 한 번도 언급되지 않았던 자신의 본명으로 미국 필라델피아에 정착해 있었다. 누구나 라비크처럼 언젠가는 정서적으로 딱 들어맞는 집을 찾을 수 있으면 좋겠다.

투자와 투기는
구별할 수 없다

•——— 세상에는 명확하게 정의 내리기 힘든 일이 정의 내릴 수 있는 일보다 많다. 보통 우리는 명쾌하고 명확하게 무언가를 정의 내릴 수 있는 말을 원하지만, 실제로는 그 말을 곰곰이 의심해봐야 하는 경우가 더 많다. 투자와 투기를 구별하려는 노력에서도 마찬가지다. 이 둘에 대해 명쾌하게 편을 가르는 경우가 있다.

투기의 대표적인 사례처럼 여겨지는 '갭투자'에 대한 인식이 대표적이다. 과연 전세를 끼고 집을 사는 모든 사람들이 투기꾼일까? 그렇다고 할 수 없다. 그렇다면 전세와 매매가의 차이가 낮은 지역의 아파트를 10채 가지고 있는 사람은 어떨까? 투기꾼으로 보는 게 일반적이다. 보통 투기의 결과는 대박이거나 쪽박이다. 그런데 만약 10채를 가지고 있는 이 사람이 나머지 전세금을 다 돌려줄 수 있는 현금을 마련해 놓고 있었다면 어떻게 해야 할까? 명확하게 판단하기가 힘들어진다. 물론 현실에서는 이런 경우가 드물긴 하다. 보통 확실한 피해자가 있다.

갭(매매가와 전세가 차이)으로만 투자를 하면, 아파트 가격이 내려가고 전세금을 반환하지 못하게 될 확률이 높아진다. 누군가는 피해를 볼 수도 있다. 그래서 경제학에서조차도 차이를 명확하게 밝히지 못하는 것이 바로 투자와 투기다. 그러나 현실 세계에서는 어느 정도의 선을 그어놓고 있다. 부동산의 경우 단기 투자, 여러 차례 매매를 반복하는 행위, 여러 사람들이 의도적으로 한 지역의 매물을 사고팔아 가격을 올리는 행위 등을 투기의 영역에 한 발 정도 걸친 것으로 간주한다. 단기 투자는 경우에 따라 다를 수 있지만, 양도소득세를 낼 각오로 차익을 실현한다는 표현을 쓰면 투기에 가깝다. 가격 하락을 예상하고 폭탄 돌리기를 하는 행위이기 때문이다.

투기라는 말처럼 자주 쓰면서도 정확히 정의 내리기 힘든 말도 드물다. 경제학에서도 자주 사용하는 용어가 아니다. 명확하게 정의를 내릴 수 없다. 부동산 차익이 10%면 투자고, 200%면 투기일까? 부동산을 사서 1년 안에 팔면 투기고, 10년 후에 팔면 투자일까? 어떤 것이 투기라고 이야기는 할 수 있어도 명확한 근거를 대는 것은 매우 어려운 일이다. 보통 부동산 가격이 올랐을 때 1년 안에 팔면 수익의 상당 부분을 양도소득세로 내야 할 뿐만 아니라 많이 오른 만큼 세금을 더 내야 하니, 이에 근거해서 어떤 주장을 할 수는 있을 것이다. 그러나 이것을 투기에 대한 정의라고 보기는 힘들다. 여러 사람들이 존재하는 만큼 여러 가지 사정이 있기 때문이다.

〈위키피디아〉에서는 다음과 같은 몇 가지를 투기의 사례로 들었다.

• 투기는 가치에 대한 이성적인 판단보다 그 당시 시장 상황에 따른 감정적 요인에 의한 매매 행위라고 투자와의 차이를 설명하는 이도 있다.

- 투자와 달리 투기는 기회에 편승하여 확실한 승산 없이 큰 이익을 노리는 극단적인 모험적 행위라고 설명하는 이도 있다.

- 매수 후 오랜 기간에 걸쳐 자산의 가치가 오를 때까지 기다리는 것을 투자라 하고, 단기간의 시세 변동을 노리는 것을 투기라고 하는 이도 있다.

- 대출이나 선물 증거금 등을 이용해 큰 레버리지를 사용하여 투자할 경우, 위험성이 증가하므로 이러한 행태를 투기라고 말하는 경우도 있다.

이 중에서 반박 불가능한 정의는 없다. 그러나 어떤 특정 사례를 보고, '투자라기보다는 투기'라고 말할 수는 있다. 누군가 투기라고 비난을 한다고 해도, 그보다는 '리스크를 감수한 대가'라는 생각이 들 수도 있다. 투기와 투자를 구별하기는 힘들다. 그러나 그 결과를 예측해보는 것은 상대적으로 수월하다. 투자든 투기든 모두 수익을 내기 힘들다. 하지만 투기가 될 만한 수익률을 내기가 은행 정기예금으로 미미한 수익을 내기보다 훨씬 더 어렵다는 사실은 기억해야 한다.

1인가구로 살면서 안정적인 아파트 한 채를 사는 것은 당연히 투기가 아니라 여러 가지 의미에서 투자여야 한다. 그렇기 때문에 일반적이지 않은 정도의 높은 시세차익을 예상하고 있다면, 지금이라도 마음을 고쳐먹는 것이 좋다. 도덕적인 이유 때문이 아니다. 시장의 평균을 웃도는 수익을 낸다면 투기에 가까울뿐더러, 투기는 성공할 확률보다 실패할 확률이 현저히 높기 때문이다.

지금 사는 이 집이
내 집이다

•─── 최근 들어 전세든 월세든 집주인의 동의를 얻어서 스스로 리모델링 수준에 버금가는 인테리어를 하는 젊은 사람들이 크게 늘어나고 있다. 물론 이를 삐딱하게 보는 사람들도 존재한다.

아파트 가격 폭등에 집 장만 꿈이 멀어지고 있는 2030 세대들이 인테리어 시장을 바꾸고 있다. 그간 자가 아파트 위주 수천만 원짜리 '토탈 인테리어'가 시장을 주도했는데 이젠 자가 입주가 사실상 어려운 '2030' 세대를 중심으로 한 전·월세 '미니 인테리어'가 빠르게 자리잡고 있다. 예전엔 '내 집도 아닌데 무슨 인테리어냐'란 생각이 많았다면 이젠 '어차피 아파트 청약도 안 되는데 전·월세 살면서 소소하게 꾸미고 살자'는 생각으로 바뀌고 있다는 평가다.

(중략)

과거 전·월세는 '내 집'이 아니라는 생각에 인테리어 투자에 소극적이었다. 하지만 서울 아파트 '전세 10억' 시대가 다가오고 부동산 시장 진입이 갈수록 어려워지면서 전·월세도 이제 '내 집'이란 인식이 확산되고 있는 것이다. 이처럼 집꾸미기에 대한 인식이 자가 중심에서 전·월세까지 내려오고 있는 것으로 분석된다.[*]

청약이 되든 안 되든, 15억짜리 아파트든 여전히 서울 시내에도 존재하는 5억 미만 구축 아파트든, 전세든 월세든, 결론적으로 '내가 살고 있는 곳이 내 집'이라는 인식이 퍼지고 있다. 사실 자녀가 있는 3~4인 가구라면 단순히 살기 좋은 곳이라는 이유만으로 아파트 구매하는 것이 어려울 수도 있다. 학군도 봐야 하고, 주변 아파트 시세와 엇비슷한 곳이어야 한다. 아이들이 학교에서 따돌림 당하지 않게 하기 위해 그렇다. 슬프지만 현실이다. 여러 가지 조건들이 필요하다. 물론 1인

---

[*] 〈서울경제신문〉, 2020년 7월 20일 자, '집 장만 멀어지는 2030, 전·월세도 우리집 인식 확산… 미니 인테리어 증가'

가구라고 해서 사회의 이런 시선에서 완전히 자유로울 수는 없다. 다만 우리나라 인구구조에서 유일하게 포션을 늘려가고 있는 1인가구가 집에 대한 우리 사회의 인식을 바꾸어나갈 주인공이라는 것은 틀림없는 사실이다.

뉴욕에서 직장생활을 잠시 하던 시절 가장 재미있었던 풍경은 저녁 시간에 마주치는 퇴근하고 장보는 사람들이었다. 많은 이들이 여러 가지 음식과 함께 신문지에 둘둘 말아 포장한 꽃을 들고 집으로 돌아가곤 했다. 물론 꽃집이 많기도 했지만, 가만히 살펴보니 야채나 생필품들을 파는 작은 상점들도 저녁 무렵이면 생화를 가득 내놓고 팔고 있었다. 물론 어느 동네나 그런 것은 아니었다.

여러 차례 이사를 다녔다. 그중에서도 맨해튼의 어퍼이스트라는 동네에 살 때 유독 화병에 담을 꽃을 식료품과 함께 들고 가는 사람들을 많이 만났다. 오늘 하루를 마무리하는 맛있는 저녁식사를 위해 꽃을 사 가는 것이었다. 아마도 이 지역 집값이 꽤 비싸고, 그래서 어지간하면 미혼이나 비혼 1인가구가 훨씬 더 많이 보이는 뉴욕의 다른 곳들과 달리 3~4인가구가 많았기 때문이었던 것 같다.

월세가 일반적인 독일 이야기도 빼놓을 수 없다. 독일 사람들은 월세로 사는 집에도 열심히 인테리어를 한다. 흔히 독일의 〈임대차보호법〉이 잘 되어 있기 때문에 월세라도 정성 들여 집을 꾸민다고 분석한다. 맞는 말이지만 그게 다는 아니다. 독일 사람들이 자신이 살고 있는 공간을 통해서 자기 자신을 잘 표현하는 사람들이기 때문이기도 하다. 주거안 전성도 중요하지만, 기본적으로 현재의 삶에 애착을 가져야만 가능한 것이 바로 인테리어다.

월세나 전세로 사는 집의 인테리어를 하는 것은 내가 살고 있는 이 공간에 대한 애착이 있다는 말이다. 사람들이 집주인을 존경해서 인테리어를 하는 것이 아니다. 물론 나는 혼자 사는 우리같은 사람들이 열심히 일하고, 저축하고, 아껴서 아파트에 입주하는 것을 열렬히 응원한다. 그러나 월세나 전세로 오피스텔에 살든, 다세나 빌라에 살든, 셰어하우스에 살든, 그리고 얼마나 오래 살든 상관없이 그곳에서 사는 기간 역시 우리의 소중한 인생이라는 것도 강조하고 싶다. 대대적으로 인테리어를 할 수 있으면 좋고, 그럴 여력이 안 된다면 꽃 몇 송이로도 충분히 멋있게 살 수 있다는 이야기를 하고 싶다. 미래의 행복을 위해서 현재의 삶을 계속해서 유보시키지 않았으면 좋겠다.

《혼자지만 아파트는 갖고 싶어》는 아마도 거의 유일하게 특정 지역의 호재를 언급하지 않은 '부동산 책'이 아닐까 싶습니다. 저는 이 책을 통해 미혼과 비혼 그리고 그 사이 어딘가에 속해 있는 1인가구를 위한 소박한 아파트 한 채에 대해 이야기하고 싶었습니다.

현재 자발적으로든 아니든 결혼하지 않은 상태를 유지하고 있는 1인가구들의 경제관은 가부장제와 군사문화, 태움과 갑질을 만들어낸 주류 3~4인가구들의 경제관과는 현저하게 다릅니다. 우리는 불합리에 반발해 (약간의 준비 기간은 필요하겠지만) 3~4인가구 구성원들이 목숨줄처럼 엮여 있는 회사를 관둘 수 있습니다. 그렇습니다. 돈은 벌어야 합니다. 그런데 이렇게는 벌기 싫다는 생각이 들 때, 조금 덜 벌어도 한 번쯤 결단을 내릴 수 있는 아주 조금은 특별한 사람들이기도 합니다. 지금은 여전히 비주류에 속하지만, 1인가구의 수는 전체 인구의 정체와 하락세가 올 미래에도 여전히 증가할 것으로 보입니다. 그래서 저는 이런 1인가구들의 경제관을 '솔로경제'라고 부릅니다.

 '솔로경제'의 관점에서 보면, 단지 몇 년도에 태어났다는 이유로 '땡땡 세대'라고 이름 붙여 우르르 몰려다니는 것처럼 언론에서 표현하는 것은 큰 의미가 없습니다. 나아가 세대 간 충돌론 역시 별다른 의미가 없습니다. 오히려 이런 세대 간 간극을 극대화하는 방식이 1인가구의 자유롭고 느슨한 연대를 방해하는 것처럼 느껴지기도 합니다. 혼자 사는 우리들에게는 우리들만의 방식이 필요합니다. 직장에서 사회에서 '버텨내자'는 말을 왜 인사말처럼 나누어야 하는 걸까요? 저 역시 이런 말들을 많이 듣고 또 많이 쓰곤 했습니다. 하지만 어렵던 시절 '진지드셨나요'라는 인사말이 유행하고, 공포가 사회를 지배하던 시절 '밤새 안녕하셨나요'라는 인사말을 쓰던 것 같아 씁쓸했습니다. 저는 '솔로경제'가 우리 사회의 많은 부조리를 해결할 수 있을 거라고 믿습니다.

기자생활을 꽤 오래 해오면서 자산가들을 만날 기회가 많았습니다. 여러 번 만나다 보면 뭔지는 모르겠지만 하여간 좀 다른 사람들이 있습니다. 특히 부동산 투자에서 큰 돈을 번 사람들을 보면 정확히 이유는 모르겠지만 어쨌든 결국에는 돈을 벌긴 합니다. 그렇지만 이 책에서는 그런 극소수의 투자 방법을 굳이 소개하려고 하지 않았습니다. 투자와 투기를 명확히 구분할 수 없기 때문입니다.

대신 법도 잘 지키고 남에게 피해를 주고 싶어 하지 않는, 평범하고 평온한 일상을 꿈꾸면서 혼자 사는 사람들이 아파트 한 채는 살 수 있는 방법을 상식적으로 소개하려고 노력했습니다. 흔히 상식대로 하자고 하지만, 일상생활의 상식과 경제에서의 상식은 또 다른 이야기입니다. 어느 정도 경제와 부동산을 공부하고 나서야 상식을 논할 수 있을 것입니다. 독자 여러분들이 약간의 공부를 통해 자신의 라이프 스타일에 꼭 맞는 살기 좋은 아파트를 곧 찾으시길 진심으로 바랍니다.

혼자지만 아파트는 갖고 싶어

ⓒ 한정연 2020

초판 1쇄 발행 2020년 8월 31일

지은이 한정연

펴낸이 박성인
기획편집 김하나

펴낸곳 허들링북스
출판등록 2020년 3월 27일 제2020-000036호
주소 서울시 강서구 공항대로 219, 3층 309-1호 (마곡동, 센테니아)
전화 02-2668-9692 **팩스** 02-2668-9693
이메일 contents@huddlingbooks.com

ISBN 979-11-970301-3-0 (03320)